FLORES DO CÉDRON

AS MULHERES DO EVANGELHO

HELAINE SABBADINI

FLORES DO CÉDRON

AS MULHERES DO EVANGELHO

LACHÂTRE

Instituto Lachâtre
Caixa Postal 164 – cep 12.914-970 – Bragança Paulista – SP
Telefone: (11) 4063-5354
Página na internet: www.lachatre.org.br
Email: editora@lachatre.org.br

1ª edição – Junho de 2018
2.000 exemplares

Programação Visual da Capa
Fernando Campos

Revisão Técnica
Jorge Damas Martins

CIP-Brasil. Catalogação na fonte

Flores do Cédron, as mulheres do Evangelho / Helaine Coutinho Sabaddini, 1ª edição, Bragança Paulista, SP: Lachâtre, 2018.

224 p.

1.Mulher. 2.Cristianismo primitivo 3.Espiritismo. I.Título. II. Subtítulo. III.Referências bibliográficas.

ISBN: 978-85-8291-068-9

CDD 133.9 CDU 133.7

Impresso no Brasil
Presita en Brazilo

Oh a mulher... É o mistério mais excelso da terra. Elas sentem o cheiro da morte, irmão Leão. As mulheres nasceram para a vida e, onde ronda a morte, corporal ou espiritual, desde os tempos mais remotos, elas tiram energias para defender-se como feras. Sem a mulher a vida se extinguiria. A mulher, irmão Leão, está sempre em contato com a terra e a vida. E não te assustes com o que vou dizer: Deus, por ser fonte de vida, está mais perto da mulher, e ela mais perto de Deus. Sem o saber elas são um pouco a verdadeira efígie de Deus. Lembro-me da grande senhora que foi minha mãe... E não te escandalizes com o que vou dizer, mas, continua escrevendo: desde que conheci os mares profundos da alma de minha mãe, sinto sempre a tentação de chamar Deus de mãe.[1]

Francisco de Assis

[1] LARRAÑAGA, Ignácio. *O irmão de Assis*. São Paulo: Paulinas, 1989, cap. "O Violino". p. 361, § 4.

Sumário

Às minhas filhas e netas:
Camila e Yarima; Sofia e Mariana

Minha Luminosa Escuridão

Lá se vão os tempos remotos
Em que eu me sentia satisfeito,
Obscuramente satisfeito,
Na minha amorfa ignorância,
Na minha incolor neutralidade...
Possuía tudo que desejava
E bem pouco era esse tudo,
Porque as minhas potências dormiam
O longo sono da sua inexperiência...
E o incônscio equilíbrio
Entre o meu pequeno desejar,
E o meu pequeno possuir
Era a bitola da minha satisfação,
O estático nivelamento
Entre a potencialidade das minhas aspirações
E a atualidade das minhas realizações.

Mas ai! que despertou,
Nas profundezas do meu ser,
Algo como um estranho querer

Algo como uma longínqua alvorada,
Que me fazia adivinhar vagamente
Um luzeiro para além dos horizontes
Das minhas rotineiras satisfações...
E esse adivinhar de uma luz ignota,
Para além das trevas tão notas
Do meu costumado viver,
Encheu-me a alma de pressaga insatisfação...
Irrequietas, oscilaram em mim
Todas as agulhas magnéticas...
Despertaram as angústias subterrâneas
Da minha natureza lucigênita
Que ainda em trevas dormia...
Acordou em mim o instinto migratório
Da ave que adivinha tépidas primaveras
E cálidos estios,
Para além dos frígidos outonos
E dos gélidos invernos
Da sua querência nativa...

Abriu-se vasto abismo
Entre o que eu era
E o que desejava ser,
Entre as minhas realidades finitas
E as minhas possibilidades infinitas...
Fiz a estranha descoberta
De que eu era muito mais
O muito que desejava ser
Do que o pouco que era.

Huberto Rohden[2]

---

[2] ROHDEN, Huberto. *Escalando o Himalaia.* 4ª ed. São Paulo: Martin Claret, 1996, p. 165.

YIN – A Mensagem da Lua

"A arte pagã é o verme; a arte cristã é o casulo; a arte espírita será a borboleta".
Alfred de Musset (espírito)[3]

Flores do Cédron – as mulheres do Evangelho é uma mensagem de arte. Arte que eleva, que sublima, que nos tira do lugar estável numa misteriosa mutação. Sua leitura nos projeta em uma nova maneira de sentir, ver e ser.

"A grande arte é simples", escreve Pietro Ubaldi,[4] e *Flores do Cédron* é de saborosa simplicidade. Mas, por isso mesmo, maravilha, encanta e mergulha em arcanos de profundidades!

Sou amigo e confrade da Helaine Sabbadini há muito tempo.... No lado do aquém, desde as alvoradas dos anos 1980, quando vibrávamos de alegria nas novas buscas do espiritismo redivivo, na Casa de Bezerra – o Grupo Espírita Regeneração,[5] fundado em 18 de fevereiro de 1891 pelo eminente *apóstolo da*

[3] KARDEC, Allan. "Revista Espírita". Brasília DF: FEB, 4/2004. Artigo de dezembro de 1860, p. 560.
[4] UBALDI, Pietro. *A Grande Síntese*. 13ª ed. Campos dos Goytacazes: FÚNDAPU, 1984, p. 369, cap. 100.
[5] Rua São Francisco Xavier, nº 609, Maracanã, Rio de Janeiro RJ.

medicina espiritual. E, por isso mesmo, e pedindo vênias, não quero fazer desta apresentação um espaço de fogos de artifício, que brilham no mundo personalístico, mas logo se apagam na essencialidade.

Então, vamos a uma, apenas a uma reflexão.

A milenar sabedoria chinesa que nos legou a mensagem metafísica do I Ching – o primeiro livro da humanidade e, destacamos, de conteúdo oracular ou mediúnico[6] – sempre se expressou evidenciando as bases universais na polaridade harmoniosa do *yin* e *yang*, maleável e firme, sombra e luz, Lua e Sol, feminino e masculino, *animus* e *anima*...

Tudo na vida é polar e as diversas fases se transformam numa mutação constante. O próprio ideograma do I – I Ching – é mutação, manifestando o sentido tipo camaleão ou as imagens do Sol e da Lua. Quando uma parte se destaca, tipo *yang*, gera uma tensão, um desarranjo, um desequilíbrio intrínseco que urge se harmonizar, reequilibrar-se na fase mutável seguinte, a polaridade *yin*. E assim sucessivamente, nos dias, nas estações, na sexualidade, na sociedade, na história...

Na história, por exemplo, observamos os vários períodos tipos *yin* e *yang*. Atualmente, evidencia-se um estágio de grande tensão *yang*: as velhas ameaças de guerra mundial; a corrida enlouquecida pelas armas atômicas; o desespero dos exílios e refugiados do ódio; as violentas intransigências religiosas; o repudio racial, a discriminação revoltante dos diversos coloridos sexuais; pedofilias; as persistentes agressões às mulheres etc. Basta! *Flores do Cédron* não merece o alongamento deste mapeamento social.

Mas dizíamos que a história é cíclica. Tensões geram mutações. A era de Aquários, tipo *yin*, está à porta dos tempos atuais. E, sem pedir licença, docemente, suavemente, taoisticamente,

---

[6] MARTINS, Jorge Damas. *A metafísica do I Ching, uma ciência altamente evolutiva*. São Paulo: Madras, 2006, pp. 15-16, "Introdução".

charmosamente, começa a penetrar nos escaninhos da história, dizendo, serenamente: "Presente"!

Flores do Cédron é um dos sinais do novo tempo!

Helaine Sabbadini é mãe e avó – bota *yin* nisso! Ela teve o mérito de materializar a vontade do Invisível em forma de arte literária, revendo o Evangelho com ousadia, derrubando muros, alargando visões e resgatando personagens significativas nas construções do cristianismo do Cristo.

A mãe é *yin*, mas materializa o psiquismo-*yang* nas reencarnações.

A Lua é *yin*, mas projeta a luz do Sol-*yang*.

O médium é *yin*, mas manifesta o espírito-*yang*.

Tudo isso é o *opus* sinfônico da Helaine Sabbadini, em *Flores do Cédron*: Lua, mãe, médium...

Parabéns à amiga e à editora, que mais uma vez brilham na estante dos saberes da Luz Eterna.

Jorge Damas Martins
Rio de Janeiro, 5 de maio de 2018.
Dia Internacional da Parteira

O Consolador

Se me amais, guardai os meus mandamentos. E eu rogarei ao Pai, e Ele vos dará outro consolador, para que fique eternamente convosco, o Espírito da Verdade, a quem o mundo não pode receber, porque não o vê, nem o conhece. Mas vós o conhecereis, porque ele ficará convosco e estará em vós. – Mas o Consolador, que é o Espírito Santo, a quem o Pai enviará em meu nome, vos ensinará todas as coisas, e vos fará lembrar tudo o que vos tenho dito.

João[7]

O cristianismo é a ideia da religião que em geral se deve fundar na razão e ser, nessa medida, natural. [...] Não é uma religião naturalista, embora seja uma religião simplesmente natural. Quanto à bíblia, deve ser interpretada em sentido moral, e não apenas teoricamente segundo os princípios da doutrina histórica, mas de modo prático segundo conceitos racionais (lógicos). O seu caráter de revelação [...] é sempre de harmonia com o que a razão declara consentâneo com Deus, pois esta opera à luz do sentido suprassensível da vida moral, que tem em si mesma.

Artur Morão[8]

---

[7] Jo 14,15-17.26.

[8] KANT, Immanuel. *Religião nos limites da simples razão*. Tradução e apre-

Ao abrirmos o Evangelho de Mateus, em seu capítulo quinto, capturamos a garantia do Mestre Jesus quanto à natureza lucífera do espírito, em ensaios no planeta, na afirmação: "vós sois a luz do mundo",[9] luz densificada desde a crisálida de inteligência desprendida do Criador e desintensificada, num gradual desvelamento, através das multimilenárias laborações, até atingir a destinação preceituada na mesma referência evangélica: "assim, brilhe vossa luz diante dos homens".[10]

Desse modo, o caminho do espírito na escola educativa do orbe terreno é um constante retorno à luz, desde os primevos ensaios do princípio inteligente, enclausurado nos minerais, elaborado nos vegetais e animais, que emergiram dos oceanos para as claridades do sol, até o ser humanizado.

Esse anseio toma conotações ainda mais definidas nas elaborações da glândula epífise, nos reptilianos, composta de células fotorreceptoras de pinealócitos, eficaz na captação da luz solar, promovendo excitação nervosa, bem como da onda criadora. Surge nesse período o esboço da futura glândula pineal ou epífise neural no homem, quando já detentor do pensamento contínuo e do livre-arbítrio, período em que ele a possui ajustada para os ensaios mais nobres da evolução.

Trazemos para nossa aprendizagem as palavras do instrutor espiritual Alexandre: "É nela, na epífise, que reside o sentido novo dos homens. Entretanto, na grande maioria deles, a potência divina dorme embrionária".[11] É a epífise, a glândula da vida mental, poderosa janela espiritual nas estruturas cerebrais, que, junto ao tálamo, torna-se um poderoso núcleo receptor de energias espirituais superiores – sendo o tálamo, além de receptor,

sentação de Artur Morão. Covilhã: Lusofia Press, 2008, p. 5.

[9] Mt 5,14.

[10] Mt 5,16.

[11] XAVIER, Francisco Cândido (médium); LUIZ, André (espírito). *Missionários da luz*. 39ª ed. Rio de janeiro: FEB, 2004, p. 17, cap. I, "O psicógrafo".

centralizador e seletor das informações psíquicas jorradas sobre o encéfalo.

Deste modo, é fora de dúvida que somos espíritos lucíferos, embora trazendo a luz ainda de forma incipiente. Deus é luz![12] Jesus-Cristo, na condição de luz do mundo,[13] salientou imperativamente a necessidade de resgatar a partícula de luz que dorme em cada um de nós:

> Vós sois a luz do mundo. Não se pode esconder uma cidade situada sobre uma montanha nem se acende uma luz para colocá-la debaixo do alqueire, mas sim para colocá-la sobre o candeeiro, a fim de que brilhe a todos os que estão em casa. Assim, brilhe a vossa luz diante dos homens, para que vejam as vossas boas obras e glorifiquem vosso Pai que está nos céus.[14]

A missão do Cristo, expressa em suas demonstrações vivas, é o convite pelo amor e pela misericórdia ao despertar, ao realinhamento vertical do espírito à sua natureza lucígena, não no Evangelho didático, histórico, de há dois mil anos, mas no Evangelho Redivivo, dinamizado na atualidade.

O Mestre entregou-nos o Consolador, que nos ensina todas as coisas e nos faz resgatar em vívida energia – tudo o que Ele nos ensinou.

A feição feminina a representar, nos pisos da evolução, os trabalhos da sensibilidade, da intuição, da emoção e do sentimento, pilares da mediunidade desde a simbologia de Eva,[15] está magnificamente proclamada nos Evangelhos através do encontro de muitos desses perfis com Jesus; patenteando-se a de-

[12] Jo 1,5.

[13] "Eu sou a luz do mundo; quem me segue, de modo nenhum andará nas trevas, pelo contrário terá a luz da vida". Jo 8,12.

[14] Mt 5,14-16.

[15] Gn 3,30: "E chamou Adão o nome de sua mulher Eva; porquanto era a mãe de todos os viventes".

cisiva disponibilidade e o espontâneo anseio de seus corações, ao receberem o valioso convite ao resgate da luz.

Alguns desses encontros estão aqui esboçados no esforço de alinhá-los didaticamente. Entretanto, serão de real valia se analisados e sentidos para além do discurso mavioso, da historicidade, para serem contextualizados na mais vigorosa contemporaneidade através dos alertas, das recomendações, da amorosidade, da clemência de Jesus para com todas elas e para com todos nós.

Ressaltamos que, ao largo de Jerusalém estendia-se o vale do rio Cédron, cuja acepção – vale do rio negro ou do rio de fogo – justificava-se, pois em sua parte baixa era muito quente e seco por quase todo o tempo. O vale e a ribeira percorriam no estreito limite do muro do templo, na parte oriental da cidade, e o monte das Oliveiras, permanecendo forte marco da historicidade judaica.[16] As correntes tornavam-se superabundantes e perigosas na estação chuvosa, por isso mesmo considerado perigoso.

Jerusalém simboliza, nos valores da realidade do espírito, sempre atual, metáfora em nossa apreciação de estudo para "centro da religião e da religiosidade, o grande encontro com a Verdade, conhecimento, libertação dos grilhões". Entretanto, faz-se imperioso atravessar o árido vale dos testemunhos, vencer a canícula, sozinhos, destemidos amparados pelo que adquirimos na Jerusalém simbólica para atingirmos a divinal beleza

[16] O vale do Cédron foi local de muitos tumultos judaicos, inclusive o Pilar de Absalão. Lá estão as tumbas de Bene Hezir e o túmulo de Zacarias. Durante o período do rei Jeosafá, de Judá, o vale passou a ser profeticamente chamado de vale de Jeosafá, (o vale onde Deus julgará, Jl 3,12). Surgem na escatologia judaica profecias sobre o retorno do profeta Elias e a chegada do Messias. Também ali se deram as guerras de Gog e Magog. Nas escrituras hebraicas, o rei Davi correu a pé pelo vale na rebelião de Absalão (II Samuel 15, 14 e 30). De acordo com as escrituras greco-cristãs, Jesus atravessou o vale algumas vezes, em viagens entre Jerusalém e Betânia (Jo 18,1).

do monte das Oliveiras, o monte da genuflexão, da unidade com o Todo-poderoso.

Admirável o que há disponível para desvelarmos no Evangelho; esflorar, aprender, atingir patamares maiores de sintonia superior aos olhos de Jesus-Cristo!

Entretanto, mesmo à margem da ribeira escura, a ravina floria divinamente, e como eram delicadas e belas as florações do Criador...

"Flores do Cédron" somos todos nós, ainda atravessando os dias mais áridos das experiências evolutivas, todavia rompendo desafios, vicejando, reconhecendo o que somos por onde e para onde desejamos seguir... Tais florações podem igualmente representar a imersão dos benfeitores espirituais nos mais adversos terrenos do sofrimento humano, em prol de amparar, guiar e fortalecer.

Jesus nos entregou o seu Evangelho e, imperturbável, nos aguarda na grande travessia até o monte das Oliveiras, o monte da comunhão com o Pai, depois da travessia desafiadora do conhecimento às ações genuinamente cristãs, da religiosidade à espiritualidade verdadeira. O momento atual do orbe terreno consubstancia-se igualmente no período da grande travessia para o espírito rumo à evolução; do estado de brutalidade e egoísmo para o estado de sublimação. A coragem e a determinação para vencer os vales sombrios da consciência serão de fundamental importância!

Às Madalenas, nos apegos aos fátuos atributos físicos e intelectuais, ao conforto e ao prazer perniciosos, paradigma a representar todos aqueles inconscientes da própria destinação espiritual, enquanto Ele afiança:[17] "Não está escrito na vossa lei: Eu disse: sois deuses?"[18]

[17] Jo 10,34.

[18] Sl 82,6 – "Eu disse: Vós sois deuses, e todos vós sois filhos do Altíssimo". A metade dos salmos foi escrita por Davi. Os títulos o identificam como

Às incontáveis individualidades adulterando os bens sagrados da sexualidade, da maternidade, da paternidade e dos sentimentos puros, fazendo-se "escândalo para o mundo", enquanto preceitua o Mestre: "Ai do mundo por causa dos escândalos, pois é necessário que venham escândalos; mas ai do homem por quem o escândalo venha".[19]

Às Verônicas, expressas em tantos quantos caminham solitários sob o látego dos preconceitos sociais, trazendo moléstias espirituais de longo curso, enquanto o Mestre garante: "Eis que estarei convosco todos os dias, até o final dos tempos".[20]

Às mães e pais zelosos, que buscam o conforto e o bem-estar para a prole amada nimbando-os de tudo quanto os bens amoedados podem adquirir, no entanto desconsiderando o mais nobre de todos os bens – os morais e os espirituais –, enquanto Jesus permanece advertindo: "Não possuais ouro, nem prata, nem cobre, em vossos cintos, nem alforjes para o caminho, nem duas túnicas, nem duas sandálias, nem bordões; porque digno é o operário do seu alimento".[21]

Às viúvas de Naim e as mulheres cananeias, modelos a expressarem os seres que ainda prosseguem na atualidade dos tempos como expectadores angustiados das próprias enfermidades, desequilíbrios, mazelas e necessidades de toda ordem, enquanto o Mestre ainda afiança: "Deixo-vos a paz, a minha paz vos dou; não vo-la dou como o mundo a dá. Não se turbe o vosso coração, nem se atemorize".[22]

---

autor de setenta e três salmos. Nos At 4,25 e Hb 4,7, atribui-se mais dois ao segundo rei de Israel. Salomão, o filho de Davi, acrescentou mais dois (72 e 127), e Moisés escreveu um (90). Vários homens que conduziam o louvor em Jerusalém (Asafe, Etã e os descendentes de Corá) escreveram 25 dos salmos. Os autores de quase um terço dos salmos não se identificam.

[19] Mt 18,7.

[20] Mt 28,20.

[21] Mt 10,9-10.

[22] Jo 14,27.

Às samaritanas da época presente, almas desalinhadas e perdidas quanto aos valores espirituais, sedentas de amor, de paz e felicidade. Contudo, sem conseguirem se dessedentar, pois, buscando a "água viva" nas fontes secas da vida passageira, enquanto Jesus promete: "mas o que beber da água que eu lhe der jamais terá sede. Mas a água que eu lhe der virá a ser nele fonte de água, a jorrar para a vida eterna".[23]

Incontável massa de almas ainda peregrina na Terra enraizada ao ciclo das reencarnações, sem atinar para a luz, conforme a preciosa informação do instrutor Gúbio:

> Milhões de almas humanas que se não afastaram, ainda, da crosta terrestre, há mais de dez mil anos. Morrem no corpo denso e renascem nele, qual acontece às árvores que brotam sempre, profundamente arraigadas no solo. Recapitulam, individual e coletivamente, lições multimilenárias, sem atinarem com os dons celestiais de que são herdeiras, afastadas deliberadamente do santuário de si mesmas, no terreno movediço da egolatria inconsequente, agitando-se, de quando em quando, em guerras arrasadoras que atingem os dois planos, no impulso mal dirigido de libertação, através de crises inomináveis de fúria e sofrimento. Destroem, então, o que construíram laboriosamente e modificam processos de vida exterior, transferindo-se de civilização.[24]

O Cristo, na feição do Consolador, vem outra vez às ovelhas perdidas da casa de Israel,[25] agregando material valioso quanto à realidade do espírito encarnado: sua natureza, as leis que o regem, sua destinação, a sua interação entre os dois mundos,

[23] Jo 4,14.

[24] XAVIER, Francisco Cândido (médium), LUIZ, André (espírito). *Libertação*. 28ª ed. Rio de Janeiro: FEB. 2005, cap. 2, "A palestra do instrutor", pp. 18 e 19.

[25] Mt 15,24: "Eu não vim senão enviado às ovelhas perdidas da casa de Israel".

sobre a base inamovível do Evangelho: "o Consolador que o Pai enviou em nome de Jesus, ensinando todas as coisas e fazendo--nos lembrar tudo o que nos foi dito". Dessa forma, eis a palavra de ordem: fora da caridade não há salvação.

Jesus, o Mestre incomparável, continua caminhando pelas estradas que marcam a destinação da verdade e da luz para os viandantes da evolução. Muitos são os que com Ele cruzam diariamente...

Incontáveis aqueles que o veem, mas não o enxergam, pois se perdem em meio à didática dos Evangelhos. Envaidecem-se do brilhantismo do intelecto e dos conhecimentos que adornam a mente, sem, contudo, atingirem a essência da proposição do Cristo Jesus. Veem, mas não enxergam e, consequentemente, mantêm-se inaptos aos discernimentos mais profundos...

Diversos o recebem apenas como fonte de salvação, ostentando o brilho elitista da religião, das crenças ou das doutrinas professadas, sem o legítimo sentimento de religiosidade, cuja etimologia (na raiz do substantivo religião) revela, na essência que nos conclama, 'voltar a ligar' ou simplesmente 'religar' o espírito à luz divina.

Outros tantos, porém, já se prostram aos pés do Cristo Jesus, ávidos de reconectarem as suas pequeninas luzes à luz pura dimanada de Deus, num laborioso retorno à vida verdadeira, conforme está delineado nas páginas que se seguem através de alguns vultos femininos. 'Flores abençoadas' vicejando à beira do rio caudaloso de seus grandes prélios redentores e que, após, o encontro com Ele, jamais deixaram de buscá-lo.

No entanto, amigos e irmãos leitores, irretocável é a realidade de que cada um de nós busca e encontra o Mestre Jesus a todo o momento, restando-nos a indagação: como o temos visto? Como o temos recebido? O que temos buscado nele? O que temos rogado avidamente a Ele? A que transformações o seu toque abençoado nos arremete?

Recordamos a premissa do Supremo Educador, de modo a nos situarmos de forma lúcida nos terrenos das lutas que nos são próprias: "Pois onde estiver o seu tesouro, aí também estará o seu coração".[26]

Honório Onofre de Abreu[27]
(Texto psicografado por Helaine Sabbadini,
em Pirapanema, MG, em junho de 2014)

---

[26] Mt 6,21.

[27] Honório Abreu nasceu em Belo Horizonte, em 12 de junho de 1930, desencarnou a 13 de novembro de 2007. Notabilizou-se na seara espírita pelo Estudo Minucioso do Evangelho, o 'Miudinho', do qual foi inspirado divulgador, bem como da temática "evolução sob a visão espírita". Foi membro do setor de unificação e presidente da UEM (União Espírita Mineira). Legou-nos preciosa obra de estudo interpretativo do Evangelho, *Luz imperecível*.

1 – O Cristo Cósmico

Estai em mim, e eu em vós; como o ramo de si mesmo não pode dar fruto, se não estiver na videira, assim nem vós, se não estiverdes em mim.

Eu sou a videira, vós, os ramos; quem está em mim, e eu nele, esse da muito fruto; porque sem mim nada podeis fazer.

Se alguém não estiver em mim, será lançado fora, como o ramo, e secará; e os colhem, e os lançam no fogo, e ardem.

Se vós estiverdes em mim, e as minhas palavras estiverem em vós, pedireis tudo o que quiserdes, e vos será feito.

João Evangelista[28]

Muitos, pois, dos seus discípulos, ouvindo isto, disseram: – Duro é este discurso; quem o pode ouvir?

João[29]

Incontáveis foram as mulheres; conhecidas e desconhecidas, patrícias e plebeias, marginalizadas pela sociedade e enfermas, que se sentiram renovadas em espírito ao se encontrarem com

[28] Jo 15,4-7.

[29] Jo 6,60.

Jesus fisicamente e ao serem tocadas pela superior refulgência do Cristo transcendente. Mulheres de todas as idades, condições e classes sociais.

Como saber de todas elas? Como contar-lhes as belíssimas histórias coroadas de supremas dores e sacrifícios nos tempos idos, quando o Divino Educador esteve pessoalmente com elas?

Certamente centenas passaram incógnitas à observação do vulgo, dos historiadores e até dos escribas e evangelistas.

Quantas curadas apenas por um olhar? Quantas libertas de opressões espirituais tremendas através de um simples toque? Quantas impelidas às grandes transformações unicamente pela misericórdia dele? Silenciosa, poderosa, superefluente.

Quantas foram essas mulheres, além das notabilizadas pelos evangelistas, que passaram pela vida pública de Jesus ou ele, pelas vidas delas? Jamais poderemos estimar!

Ademais, foram incalculáveis as anotações sobre os atos públicos de Jesus que o falho 'poder' humano deliberou não deveriam ser acolhidas, portanto, consideradas inautênticas. Tal sufrágio pelos 'pais da igreja' elegeu os quatro *Evangelhos* canônicos (de acordo com as regras eclesiásticas): Mateus, Marcos, Lucas e João. De igual modo, recomendaram o que deveria ser desprezado. Tais procedimentos foram levados a efeito no Primeiro Concílio de Nicéia,[30] não reconhecido pelo cristianismo ortodoxo. Eis a razão de tantos códices[31] – considerados apócrifos – não serem incluídos entre os cânones do Novo Testamento. O *modus operandi* dos bispos? Bastante miraculoso!

Além dos escritos dos quatro evangelistas, compõem o *Novo Testamento*: os *Atos dos Apóstolos*, as treze cartas do apóstolo Paulo, epístolas de alguns apóstolos e o *Apocalipse* de João.

---

[30] Concílio de bispos cristãos na cidade de Nicéia da Bitínia, atual Iznik, Turquia, promovido pelo imperador romano Constantino I, no ano 325 d.C.

[31] Do latim '*codex*': livro, manuscritos gravados em pergaminhos vegetais ou animais.

Contudo, os escritos de Inácio de Antioquia (discípulo de João Evangelista), do Pastor de Hermas, a carta de Policarpo e de Clemente aos Coríntios eram muito estudados e respeitados pelos cristãos primitivos.

Não existiu e ainda não existe um consenso, entre todos os ramos da fé cristã, sobre o que deve ser considerado canônico ou apócrifo, haja vista que, além dos canônicos, os apócrifos são fartamente consultados por incontáveis teólogos, pesquisadores e historiadores.

Sob a ótica espiritual, é incontestável que as anotações, puramente humanas, jamais esgotarão o que está registrado vibratoriamente, de forma indelével, no éter do orbe terreno. A incomensurável missão de Jesus-Cristo – desde a formação do planeta até os atos de sua existência física –, as energias superiores, o amor incondicional, as suas orientações transformadoras permanecem grafadas de maneira atemporal na história da atmosfera psíquica da própria Terra. Portanto, constantemente presentes e acessíveis a todos os espíritos que se elevem, ou se aproximem, vibratoriamente da grandeza espiritual do Cristo Cósmico, de modo a 'ler', 'ouvir' e 'conviver' novamente com ele. Entretanto, é necessário que o ouvinte e convivente de Jesus, de todos os tempos, esteja vibratoriamente apto a ascender aos níveis espirituais, cada vez mais elevados, de sua mensagem. Os teólogos notáveis sempre consideraram 'as linguagens distintas' de Jesus quando falando ao povo. Contudo, em verdade, o entendimento daqueles que o ouviam é que era diferente.

> No ensino, Jesus tinha dois métodos: um exotérico simples para o mundo; o outro; esotérico, místico, para os iniciados. "Nenhum leitor atento à Bíblia", diz Bahrdt,[32] "pode deixar de perceber que Jesus fazia uso de dois estilos diferentes de fala. Algumas

[32] Karl Friedrich Bahrdt (Bischofswerda, 25 de agosto de 1740 – 23 de abril de 1792) foi um teólogo protestante alemão.

> vezes ele falava tão claramente e numa linguagem tão universalmente inteligível, e declarava verdades tão simplesmente, e de forma tão bem adaptada à compreensão geral da humanidade, que mesmo os mais simples podiam compreendê-lo. Outras vezes, ele falava tão misticamente, tão obscuramente e de forma tão velada, que as palavras e os pensamentos desconsertavam a mente das pessoas comuns, e mesmo pelas mentes mais preparadas não seriam percebidas sem uma reflexão mais profunda [...]".[33]

A relação de Jesus-Cristo, pois, com o orbe terreno é muitíssimo mais estreita do que podemos especular – transcende de forma extraordinária os poucos três anos de suas atividades públicas e os mais de anos de sua existência. Podemos dizer, metaforicamente, que as 'digitais' do Mestre estão marcadas, intensa e dinamicamente, nas composições fisiopsíquicas de nossa morada transitória.

> Rezam as tradições do mundo espiritual que, na direção de todos os fenômenos do nosso sistema, existe uma comunidade de espíritos puros e eleitos pelo Senhor Supremo do Universo, em cujas mãos se conservam as rédeas diretoras da vida de todas as coletividades planetárias.
>
> Essa comunidade de seres angélicos e perfeitos, da qual Jesus é um dos membros divinos, ao que nos foi dado saber, apenas já reuniu nas proximidades da Terra, para a solução de problemas decisivos da organização e da direção do nosso planeta, por duas vezes no curso dos milênios conhecidos.
>
> A primeira, verificou-se quando o orbe terrestre se desprendia da nebulosa solar, a fim de que se lançassem no tempo e no espaço as balizas de nosso sistema cosmogônico e os pródromos da vida na matéria em ignição, do planeta, e a segunda, quando

[33] SCHWEITZER, Albert. *A busca do Jesus histórico*. São Paulo: Novo Século, 2005, p. 53.

> se decidia a vinda do Senhor à face da Terra, trazendo à família humana a lição imortal do seu Evangelho de amor e redenção.[34]

Por essa razão, as mensagens dos Evangelhos desvelam transcendência ultra-humanas, observadas com propriedade por um simples jesuíta do século 20, quando afirmou: "Os Evangelhos não podem ser postos ao lado ou acima de outros livros escritos pela mão do homem porque estão fora de qualquer comparação e não há medidas para eles".[35] No entanto, prosseguimos ao longo das eras abandonando o Cristo transcendente, ultradimensional, sol transformador de vidas, para nos apaixonarmos por Jesus humanamente registrado, em cujas letras jamais caberá a colossal fulgurança do Cristo Cósmico.[36]

Tal realidade, dimanada dos lábios de Jesus, foi registrada por Lucas em seus escritos: "Por que me chamais; Senhor, Senhor... e não fazeis o que eu vos digo?".[37] Do que deduzimos: "por que me buscais nas letras, refutando a minha presença e as palavras de meus próprios lábios?"

Resgatamos um registro apócrifo que relata de forma ainda mais contundente a mesma expressão de Jesus colhida por Lucas:

> Se fazeis um comigo
> E vos deitais sobre o meu seio
> Mas não cumpris a minha lei,
> Eu vos afastarei de mim.[38]

---

[34] XAVIER, Francisco Cândido (médium); Emmanuel (espírito). *A caminho da luz*. 29ª ed. FEB: Rio de Janeiro, 2002, cap. I, "A Gênese Planetária, A Comunidade dos Espíritos Puros".

[35] GRAINDMAISON, Léonce de. *Jesus-Christ, sa personne, son message, ses preuves*. Revue des Sciences Religieuses. Paris, France, 1928, p. 39.

[36] O Cristo Cósmico é a transcendência de Jesus histórico, é a perfeição impressa na harmonia cósmica, é a sublime energia transformadora.

[37] Jesus, Lc 6,46.

[38] BAUER, W. *Das Leben Jesu Im Zeitalter Der Neutestamentlichen Apokryphen*.

Portanto, a aptidão de muito abstrair do pouco é uma habilidade adquirida pelos grandes espíritos; de observar o universo pela fresta de uma janela, de haurir conhecimentos profundos e sentir a divina sabedoria em resumidas palavras ou nas entrelinhas delas... A beleza do Evangelho é como um gigantesco *iceberg*, do qual, a princípio e nos primeiros contatos, só divisamos uma pequena ponta. Mas, depois de acuradas investigações pelas vias da sensibilidade, principiamos a vislumbrar a grandeza oculta.

A capacidade de sintetizar, de testificar abundância espiritual na simplicidade; a pujança de energias, independentemente das manifestações da retórica, foram, de igual forma, divulgadas por um célebre poeta bengalês, quando escreveu: "O significado das palavras vivas que brotam das experiências das grandes almas jamais poderá ser esgotado por qualquer sistema de interpretação meramente lógica".[39] Eis o que a mensagem de Jesus nos propõe, em sua natureza crística, cósmica!

O fato é que nós, os viajantes das experiências reencarnatórias, não mais podemos ser tão hábeis em nossas trevas conscienciais, conforme sabiamente afirmou o célebre professor de Ranchi: "as pessoas são tão habilidosas em sua ignorância",[40] coroados do brilho falacioso do intelecto; contudo, desvinculados do puro dinamismo crístico, o que nos tem feito por séculos consecutivos vagar nas abismos dolorosos da existência.

> Está próximo o dia, no qual todas as coisas perecerão com o Maligno. Está próximo o Senhor, justo com a sua retribuição. Peço-vos ainda: sede bons legisladores para vós mesmos, permanecei fiéis conselheiros para vós mesmos, afastai de vós toda

German: Wissenschaftliche Buchgesellschaft. Pseudo-Clem. Rom., II EP, COR IV, 5. German, 1967, p. 384.

39 TAGORE, Rabindranath. *Sadhana. O Caminho da Realização*. São Paulo: Paulus, 1994, p. 10.

40 YOGANANDA, Paramahansa. *Assim falava Paramahansa Yogananda*. Los Angeles: Self-Realization, 2009.

> hipocrisia. O Deus, que reina sobre o mundo inteiro, vos dê sabedoria, inteligência, ciência, conhecimento de suas decisões e perseverança. Deixai-vos instruir por Deus, procurando o que o Senhor quer de vós, e praticai-o, para que vos encontreis no dia do julgamento. Se vos recordais do bem, lembrai-vos de mim ao meditar sobre essas coisas. Desse modo, meu desejo e minha vigilância levarão a realizar algum bem. Peço-vos com insistência, como uma graça: enquanto o belo vaso ainda está convosco, não negligencieis nada das vossas coisas, mas buscai-as constantemente e cumpri todos os mandamentos, pois eles são dignos. Eis por que me esforcei em vos escrever, segundo minhas possibilidades. Eu vos saúdo, filhos do amor e da paz. Que o Senhor da glória e de toda graça esteja com vosso espírito.[41]

De forma incontestável, a sensibilidade feminina, não raras vezes, conseguiu absorver com extraordinária beleza e exímia propriedade tais realidades espirituais. Por isso mesmo as evocamos nesses escritos, em especial, aquelas mulheres que estiveram na aura de Jesus, em sua vida pública. Nada obstante, o presente trabalho guarda o firme propósito de ajustar cada leitor na condição das personalidades resgatadas, como um atualíssimo convivente de Jesus, percebendo-lhe o chamado e ponderando sobre a própria transformação, entendendo por perfil feminino todas as almas ávidas por transformação.

Se enfatizamos 'a mulher hebreia', foi porque Jesus era judeu e a sociedade na qual se inseria era, igualmente, hebreia, embora o caráter universal de sua missão. Nada obstante, mulheres de outras nacionalidades abordaram a divina aura do Mestre, todas iluminadas, guiadas, respeitadas e amadas por ele, num período em que subiam nos templos à oração do *Shacharit*:[42]

---

[41] BARNABÉ, *Evangelho* de. Disponível em: <http://www.autoresespiritas-classicos.com>. Acesso em: 10 abr. 2018.

[42] Tefilah (oração) diária matinal do povo judeu, um dos três momentos de

> Bendito sejas Tu, Eterno, nosso Deus, Rei do Universo, que não me fizeste mulher. Porque a mulher não está obrigada a cumprir os mandamentos
>
> Bendito sejas Tu, Eterno, nosso Deus, Rei do Universo, que não me fizeste (escravo) ignorante. Porque o ignorante não se envergonha de pecar.[43]

O que nos faz alinhar: mulher, pagã, ignorante, desobrigada da religiosidade, socialmente nula. Por qual mistério tais mulheres sobreviveram, com extraordinário vigor e beleza, após séculos, quando eram consideradas simplesmente nada?

Entretanto, com o Evangelho de Jesus, que resguarda o Cristo Transcendente, vem a garantia:

> Bem-aventurados os humildes de espírito, porque deles é o reino dos céus.
>
> Bem-aventurados os que choram, porque eles serão consolados.
>
> Bem-aventurados os mansos, porque eles herdarão a terra.
>
> Bem-aventurados os que têm fome e sede de justiça, porque eles serão fartos.
>
> Bem-aventurados os misericordiosos, porque eles alcançarão misericórdia.
>
> Bem-aventurados os limpos de coração, porque eles verão a Deus.
>
> Bem-aventurados os pacificadores, porque eles serão chamados filhos de Deus.

---

oração de cada dia. É o maior serviço diário.

[43] MASLIAH Melamed, Meir. *Sidur Tefillat – Mishnah* – coletânea orações matinais judaicas. Rio de Janeiro: S. Cohen, pp. 28 e 29. Essa edição foi usada como livro de rezas que acompanhou a primeira enciclopédia judaica traduzida e editada no Brasil no ano de 1966. Disponível em: <http://www.chabad.org.br/biblioteca/publicacoes/Manualbencaos/Manual_de_Bencaos.pdf>. Acesso em: 10 abr. 2018.

Bem-aventurados os que são perseguidos por causa da justiça, porque deles é o reino dos céus.

Bem-aventurados sois vós, quando vos injuriarem e perseguiram e, mentindo, disserem todo mal contra vós por minha causa.

Alegrai-vos e exultai, porque é grande o vosso galardão nos céus; porque assim perseguiram aos profetas que foram antes de vós.[44]

O santo de Assis, Francisco, exaltando o gênero feminino, proclamou num momento de grande enlevo espiritual: "obrigado, Senhor, pela doçura das mulheres, não duvido que sejam elas as vossas especiais e preferidas servas".[45]

[44] Jesus, Mt 5,3-12.

[45] SABBADINI, Helaine. *Francisco de Assis, o alter Christus*. Bragança Paulista: Instituto Lachâtre, 2014, p. 169.

2 - O Evangelho de Jesus

Assim me vereis em vós como alguém que se contempla na água ou num espelho.

Cipriano[46]

Porque, como o relâmpago se abre no Oriente e brilha até o Ocidente, assim também será a vinda do Filho do Homem.

Mateus[47]

A vida de Jesus começa e termina na pura alegria. A própria palavra 'Evangelho' advém da palavra grega 'ευαγγέλιον', *euan-*

---

[46] CYPRIANUS, Tascius Caecilius. Pseudo-Cyprian's Liber de Montibus Sina et Sion (De Duobus Montibus). *Biblical Citations and the Agraphon.* c., 13: "*ita me in vobis videte, quomodo quis vestrum se videt in aquam aut in speculum*". *De Montibus Sina Et Sion Tractatus Ignoti Auctoris, Adversus Judaeos*. Disponível em : <https://www.catholiclibrary.org/library/>. Acesso em: 08 abr. 2018. Tascius Caecilius Cyprianus foi chamado "Mago dos magos" nasceu em Antioquia 250 d.C. e decapitado em 26 de setembro de 304 d.C, juntamente com um outro mártir de nome Teotiso. Aceitaram a sua execução com grande fé e serenidade, tendo falecido com coragem e dignidade. (*Vida de são Cipriano* – N. Molina).

[47] Mt 24,27.

gélion, que em seu significado profundo e primitivo expressa, além de 'boas novas', 'novas de alegria'.

Dessa forma, um anjo anuncia aos pastores que, vendo uma grande luz, encheram-se de temor: "E o anjo lhes disse: – Não temais, porque eis que vos trago novas de grande alegria, que será para todo o povo: pois, na cidade de Davi, vos nasceu hoje o Salvador, que é Cristo, o Senhor".[48]

O Evangelho "é como o céu noturno: quanto mais se contempla mais estrelas se descobrem";[49] "nada existe que se lhe possa comparar".[50] Assusta a princípio, mas nos deslumbra e enche de alegrias puras, depois!

Nada obstante, existem muitas individualidades absorvidas pelo pragmatismo e pelo simplismo, em suas particulares ações e raciocínios, submersos em atividades egocentradas, afogadas nos apelos do moderno cientificismo e da intelectualidade brilhante. Ocupam-se mentalmente de maneira extraordinária, apenas oferecendo um insignificante espaço mental para as cogitações de caráter superior e, usualmente, o fazem através do látego da dor.

Existem, ainda, outras criaturas que, escravizadas pelo materialismo, alardeiam em muitas circunstâncias: Jesus é um devaneio! Um mito!... Pesarosamente no passado, como na atualidade, elas se levantam em várias partes em ardorosas contestações. Assim, também para centenas de milhares "estende-se a miséria religiosa, constituindo-se, ao mesmo tempo, a expressão da miséria real e o protesto contra a miséria real. A religião é o suspiro da criatura oprimida, o ânimo de um mundo sem coração, assim como o espírito de estados de coisas embrutecidos. Ela é o ópio do povo".[51]

[48] Lc 2,10-11.

[49] MARCION, gnóstico do sec. II. MEREZHKOVSKI, Dmitry Serguéievich. *Jesus D\desconhecido*. Cap. I, pag.9.

[50] MEREZHKOVSKI, Dmitry Serguéievich. *Jesus desconhecido*. São Paulo: Companhia editora nacional, 1935, p.9.

[51] MARX, Karl. *Crítica da filosofia do direito de Hegel*. São Paulo: Jinkings

Através dos séculos, muitos credos e religiões fizeram da mensagem de Jesus *tabula rasa*,[52] num desejo insano de reescrevê-la de acordo com seus anseios condenáveis e interesses pequenos, descaracterizando-a por completo. De tal forma que reescreveram:

- o amor sem mescla, com caracteres de ódio;

- paz espiritual, com tinta de guerra;

- perdão incondicional, com letra de vingança, notadamente em deploráveis períodos como nas Cruzadas militares cristãs (de 1095 a 1270), nos tribunais inquisitoriais, nos repetidos confrontos entre católicos e huguenotes,[53] tendo como o mais terrível deles a Noite de São Bartolomeu,[54] e nos conflitos mais recentes entre judeus e muçulmanos relativamente à criação do estado de Israel, que se deu logo após a Segunda Guerra Mundial. Nele, a nação judaica estabeleceu-se em meio a um monte de nações muçulmanas hostis. Há milênios afogam-se os homens em guerras e barbáries.

Editores Associados Ltda, 2010, p. 145.

[52] Expressão latina que significa 'tábua raspada' ou 'folha de papel em branco', utilizada por Aristóteles (em oposição a Platão), difundido principalmente por Alexandre de Afrodísias e por John Locke.

[53] Huguenote é a denominação pejorativa dada aos calvinistas franceses nos séculos XVI e XVII. O antagonismo entre católicos e protestantes resultou em muitas guerras religiosas que dilaceraram a França do século XVI.

[54] O massacre da Noite de São Bartolomeu ou a Noite de São Bartolomeu foi um terrível episódio sangrento no qual católicos investiram contra protestantes. Ocorreu na França e foi patrocinado pelos reis franceses, católicos, tendo como principal articuladora a rainha regente Catarina de Médici. Os assassinatos tiveram o seu início em 23 e 24 de agosto de 1572, em Paris, no dia de são Bartolomeu, mas perduraram até outubro numa onda organizada de assassínios de huguenotes em doze cidades francesas, como Toulouse, Bordeaux, Lyon, Bourges, Orlean, Rouen. O número de mortos nunca foi realmente levantado, mas afirma-se terem sido, no mínimo, quatro mil.

Há, ainda, aqueles que se relacionam formalmente com Jesus, pois buscam esquadrinhar intelectualmente as linhas didáticas do Evangelho, ofuscados pela mecânica, pelo hábito e pelo automatismo multisseculares. O hábito é a herança antiga da humanidade nos quesitos religiosos, sobrelevando-se no convívio da humanidade cristã com o Evangelho de Jesus-Cristo; buscado e consumido como material de salvação na terra e no céu, paradoxalmente. Sem dúvida almas rasas e indolentes no entendimento profundo de sua essência, a denunciarem em seus procedimentos completa falta de anseio por mais compreensão e intimidade com o Cristo. Afirmamos, sem hesitar, que já compusemos no passado – próximo ou longínquo – essas massas ignorantes e equivocadas.

Assim temos feito: buscamos o Cristo com cerimônia, à distância, pois os séculos e as práticas adulteradas criaram, entre nós e o Evangelho, uma colossal barreira; a da letra, e quão poucos se aventuram a rompê-la, num ousado e espetacular salto! Somos aqueles que nos destacamos pela afeição à formalidade da letra, mas sucumbimos no que se refere à fusão da forma com a imanência crística. Por isso dificilmente conseguimos capturar a última, pois o hábito nos enceguece e ele, Jesus, remanesce usualmente distante de nós, oculto, desconhecido.

Todavia, existem aqueles que já se esforçam por submergir as próprias almas no oceano da serenidade e do conforto oferecidos por Jesus-Cristo, o que somente é possível depois da completa derrota do ego, de modo a vê-lo com os olhos da alma e senti-lo com as fibras mais sutis do espírito!

Destarte, emerge à nossa lembrança a narrativa evangélica do publicano de Jericó, Zaqueu,[55] impelindo-nos a reconhecer, como ele, a própria pequenez ante os valores que vicejam à frente e acima de nós! Ato contínuo, faz-se imprescindível, depois de tantas colheitas estéreis resultantes dos investimentos na ho-

[55] Lc 19,3-6.

rizontalidade da vida material, sentir abrasar o desejo de encontrar Jesus e começar, ou recomeçar, a buscá-lo por renovadas atitudes e por novos caminhos espirituais.

Conforme Zaqueu, é preciso identificar que o primeiro grande passo é o despertar. Nada é possível sem o despertar, sem o grande e definitivo combate ao ego! Faz-se indispensável olhar para fora, vislumbrar além, possibilitando o devido reconhecimento espiritual da necessidade urgente de estruturar base renovada. A consciência iluminada objetiva o novo alvo – Jesus – a garantir uma caminhada de forma mais lúcida, por isso mesmo mais segura.

O segundo grande passo – qual o coletor de impostos de Jericó – é a necessidade de o espírito, perfectível, já aclarado em seus objetivos maiores, imbuir-se de um dinamismo mental ardente, munindo-se de todos os recursos para encontrá-lo. Mover-se na forma, infra-humana e supradivina.

Resgatamos que, no *Evangelho* de Lucas[56], temos a informação de que o conhecido publicano Zaqueu sendo de estatura baixa – reconhecendo suas restrições morais – na interpretação acurada do texto; 'correu adiante', 'correu para frente' de forma tempestiva. Atitude necessária àquele que deseja mudar. A física nos ensina que sair da inércia demanda mais energia do que manter a velocidade. Portanto, correr, transpor condicionamentos, compõe, de igual forma, o segundo passo do processo de autoconhecimento. O primeiro é o despertar profundo para a mudança daquilo que é necessário transformar.

Zaqueu estava impedido de vislumbrar o caminho para Jesus, para a verdade e a vida plena, abafado pela multidão, que podemos entender como os afins, aqueles que comungam objetivos – sintonizados energeticamente nas ações cotidianas e mentais, representando de igual modo as dificuldades de todos os matizes.

[56] Lc 9,4.

O publicano se estende, assim, de forma didática, a representar a necessidade do espírito de uma ação retificadora. Correr, romper fixações, é o primeiro impulso da alma; mas correr adiante especifica a qualidade daquele que desenvolveu a intuição do que acontecerá no futuro, assumindo os riscos nele agregados. Faz-se imperativo deixar para trás o conhecido, o hábito, para buscar o novo, o desconhecido, até então, rompendo os preconceitos e os medos paralisantes que, como raízes, prendem a individualidade ao passado conturbado e às situações cômodas.

O publicano de Jericó observa o Mestre alçando-se a um grande sicômoro.[57] Eis a oportunidade: o meio! Quem procura com sinceridade há de encontrar o recurso.

A espiritualidade benfeitora nos garantiu: "quando alguém deseja algo ardentemente, já se encontra a caminho da realização".[58] Todo espírito possui, pois, o seu particular sicômoro: – a informação! Uma vez absorvido dela e alçado por ela, torna-se capaz de 'ver' Jesus, de saber-lhe o caminho, a diretriz, de aperceber-lhe os passos. Contudo, ver é diferente de enxergar, mais diferente ainda de discernir! Mas para encetar uma longa caminhada precisamos dos primeiros passos.

O sicômoro é o conhecimento que possibilita uma visão acima das expectativas terrenas; a multidão e os seus apelos toldam a visão, abafam pelos requisitos e as turbulências, alienam pelo tumulto das condições diárias. Se não há um afastamento para um plano espiritual mais elevado, buscando o isolamento meditativo no esforço de mudar a ótica da vida, será difícil encontrar o que se almeja.

Conhecer onde ele se encontra, tão somente, é um momento ultrapassado requerendo ação determinada, ultradinâmica,

---

[57] Figueira agreste.

[58] XAVIER, Francisco Cândido (médium); André Luiz (espírito). *Nosso lar*, cap. 7, "Explicações de Lísias".

sendo indispensável ir até ele, encontrá-lo, estar com ele para, enfim, recebê-lo!

Conhecer o Evangelho já não basta, faz-se imperativo senti-lo, faz-se indispensável – como a Zaqueu – estar com ele, encontrá-lo, respirar em seu alo divino, com a maior proximidade possível!

Tudo se transforma à aproximação de Jesus, ao romper da didática evangélica. É preciso penetrar a aura do Cristo metafísico, cósmico, unir-se às energias superiores. Quando isso acontece, o organismo físico, psíquico, sentimentos e anseios transcendem níveis vibratórios. Enfim, tudo se modifica à aproximação do Mestre. A alma vibra num compasso jamais sentido!

Distanciar da multidão e buscar a verdade que liberta, para retornar a ela, no futuro, no ensejo de compartilhar e auxiliar no seu despertamento, é a atitude acertada expressa no exemplo do publicano.

Se realmente há o desejo sincero de receber o Cristo Jesus no templo da alma, ele estará com aquele que o busca espontaneamente e em profusa intimidade, através da ressonância de energias, pois esta é a sua promessa.

Finalmente, os dulcíssimos olhos do Cristo levantaram-se e, fitando o malvisto publicano, convidaram:

– Zaqueu, desce depressa, porque é preciso que hoje eu me hospede em tua casa.[59]

De igual forma, os seus lábios imaculados permanecem convidando e as suas mãos se estendendo àqueles que se munem do despertar espiritual, através da dinâmica das energias mentais ultracurtas,[60] no afastamento das fixações, que podem ser psicomentais ou comportamentais.

---

[59] Lc 19,5.

[60] PASTORINO, Carlos Juliano Torres. *Técnica da Mediunidade*. Rio de janeiro: Sabedoria, 1968, p. 10, 11 e 12. "Como, nada existe de imóvel, também a oscilação (frequência ou vibração) caminha de um lado para outra. A essa

Jesus nos convida: "Meu filho, o tempo urge, afasta-te das repetições dos erros, remorsos e dores, da inércia na busca dos valores elevados para receber-me finalmente contigo, num tempo transformador".

> Para vê-lo tem-se de ouvi-lo como ouviu Pascal:[61] "Eu pensava em ti na minha agonia e derramava minhas gostas de sangue por ti". E como o ouviu são Paulo: "O filho de Deus me amou e se sacrificou por mim".[62] Eis o que há de mais desconhecido nele (Jesus): o desconhecido; a atitude pessoal do homem Jesus para com a personalidade – antes de minha atitude para com ele a dele para comigo; esse é o milagre dos milagres e por onde dentre todos os livros humanos, lumes terrestres, se distingue esse clarão celestial – o *Evangelho*.[63]

Desse modo, aquele que tem o privilégio de recebê-lo, de conviver com ele, de dividir com ele os temores, os erros, as angústias, e em magnífica intimidade falar-lhe dos anseios novos jamais será o mesmo. Tudo se modifica depois de receber Jesus na familiaridade da casa espiritual! Jamais qualquer alma será a mesma, haja vista que Zaqueu tornar-se-ia o discípulo Matias, em lugar de Judas Iscariotes, nunca mais abandonando a senda de luz junto ao Mestre.

vibração que caminha chamamos onda. Ondas ultracurtas – são todas as que forem menores que dez metros. Muito maior alcance e força, ecoando nas camadas superiores da atmosfera. As vibrações, as ondas, as correntes utilizadas na mediunidade são as ondas e correntes de pensamento. Quanto mais fortes e elevados os pensamentos, maior a frequência vibratória e menor o comprimento de onda. E vice-versa".

61 PASCAL, Blaise. *Pensèes*, p. 552. Disponível em: <https://ebooks.adelaide.edu.au/p/pascal/blaise/p27pe/complete.html>. Acesso em 8 de abril de 2014.

62 Gl 2,20.

63 MEREJKOVSKY, Dymitri. *Jesus Desconhecido*. São Paulo: Companhia Editora Nacional, 1935, p. 13.

A alma renovada em Cristo consegue afirmar, com todo alento, como fez o arauto do *Evangelho*, Paulo de Tarso: "Não sou eu mais quem vive, é Jesus quem vive em mim".[64] Existe, porventura, maior intimidade com o Cristo do que deste que assim afirmou?

O *Evangelho* não é somente um conjunto de anotações sublimes, nem a mais preciosa cartilha de conduta ético-moral e espiritual entregue ao gênero humano É muito mais do que isto, bastando somente que os olhos que o buscam não prossigam ignorando o que há de mais valioso nele; o Cristo vivo, que continua sendo, em muitas instâncias, um desconhecido em meio à erudição e à vaidade humanas.

Jesus-Cristo e o seu *Evangelho* jamais serão ultrapassados. Todos os séculos aclamarão a superioridade dos ditames restauradores de almas. Todos os lábios divulgarão, pela eternidade, que nunca houve entre os viandantes das paragens terrenas um maior que o Cristo. Ele é o absoluto a reinar sobre todos os reis, impérios e panteões terrenos, tornando-se a pedra angular para a evolução moral-espiritual do gênero humano. Qualquer potestade, nos confins do planeta ou do espaço, que ousar arrancar o *Evangelho* da Terra não o fará sem abalar todos os fundamentos, todas as vigas que sustêm o seu progresso espiritual. E quem arrogará possuir tamanha audácia?

"Porque como o relâmpago se abre no Oriente e brilha até o Ocidente, assim também será a vinda do Filho do Homem".[65] Um raio consumindo o mundo, um trovão abalando a terra e o céu dimanam dele; mas ele está calmo: "tu és meu filho bem amado, meu repouso, minha calma", diz o espírito-mãe.

Nós não o vemos ainda com os nossos olhos físicos, mas já o sentimos com a alma; o milagre dos milagres, o eterno e calmo relâmpago, eis o seu semblante, eis o semblante do Cristo vivo, eis o semblante do *Evangelho*.

---

[64] Paulo, Gl 2,20.

[65] Mt 24,27.

3 - A mulher hebreia ao tempo de Jesus

– Frei Leão, desde que conheci os mares profundos da alma de minha mãe, sinto sempre a tentação de chamar a Deus de mãe.[66]

Francisco de Assis

Terra de Canaã

Antes de voltarmos o nosso olhar para algumas das mulheres que conviveram com Jesus – nas mais diferentes condições e circunstâncias – faz-se imprescindível observar o contexto sociopolítico e religioso da mulher hebreia àqueles dias, o que as torna mais extraordinárias do que poderíamos supor.

Ressaltamos que a terra pertencia a Deus, paradigma da fé judaica. Fora o Senhor Deus quem lhes dera a terra ou o país de Canaã – que conhecemos atualmente por Palestina, antiga

66 LARRAÑAGA, Ignácio. *El hermano de Assis*. 5ª ed. Chile: Cefepal, 1989, cap. "O Violino", p. 361, § 4.

terra dos filisteus (*'plishtim' em hebraico) ou* 'povos do mar', que fundaram, sobretudo, no Sudoeste, vários pequenos reinos: Gaza, Asdod, Ascalão, Ekron e Gat, este último o maior dentre os demais. Posteriormente à época helenística, adotaram a língua aramaica.

A Palestina é dividida de alto a baixo por uma cadeia de montanhas que muito influi no seu clima. Com efeito, na parte oeste, o vento frio do mar, ao chocar-se com a parte montanhosa, provoca chuvas frequentes, beneficiando toda a faixa costeira. O lado leste das montanhas, porém, não recebe o vento do mar e, consequentemente, apresenta clima quente e região mais árida. As terras cultiváveis estão na parte norte, na região da Galileia e no vale do rio Jordão, propiciando a esses sítios enormemente aprazíveis maravilhosos pomares, além do sublime psiquismo como carinhoso berço e cenário da vida pública do Mestre. A região da Judéia é montanhosa e se presta mais como pasto de rebanhos e cultivo de oliveiras.

Assim, o mar Mediterrâneo a limita, a oeste, e o vale do Jordão, a leste; esse rio, cujo nome significa, sem dúvida, 'por onde se desce', tem suas fontes nos sopés do Hermon, no lago Hulé, a sessenta e oito metros acima do nível do mar. Aproximadamente quinze quilômetros abaixo, no lago de Tiberíades, já está bem abaixo do nível do mar, lançando-se no mar Morto. Divinais paisagens!

Entre o Mediterrâneo e o Jordão, uma cadeia de montanhas forma como que a espinha dorsal do país com seiscentos metros de altitude em média, tendo os seus pontos mais elevados na Alta Galileia e em Hebron; apresenta uma depressão na fértil planície de Jezrael a Meguido. Ao leste do rio Jordão, sobe-se mui rapidamente para o planalto da antiga Pereia. O relevo, muito acidentado, é fator decisivo no regime das chuvas; a Galileia, encostada a 2.800 metros do Monte Hermon, a planície do Saron estendendo-se abaixo do

Carmelo, a região montanhosa da Palestina central e a Pereia (atual Transjordânia).

Ao contrário, a depressão do Jordão não recebe praticamente nada. Tanto assim que, na metade do seu comprimento, ela é desértica, exceto por alguns oásis, como Jericó e os espessos bosques nos meandros do rio.

Assim sendo, foram sobre esses terrenos, deveras acidentados, cheios de altos e baixos, palco de lutas morais e espirituais, que se desdobraram os quotidianos de muitos homens e mulheres há mais de dois mil anos transcorridos.

Condição social e familiar da mulher hebreia[67]

A condição social, familiar e religiosa da mulher hebreia era imensamente subalterna e infeliz. Sujeitas a uma moral circunstancial, sem autoridade divina numa sociedade rigidamente patriarcal plena de manipulações ideológicas,[68] não raras vezes ouviam dos lábios dos severos varões acerca de alguma delas que andasse solitária, aliás, o que lhes parecia enorme abominação; "uma mulher sozinha é um perigo... Onde estão seus juízes? Quem são seus notáveis?"[69]

---

[67] O templo sempre foi a representação da religiosidade judaica. Como tudo girava fortemente em torno da religião, tem-se o "Primeiro Templo", o templo sagrado de Salomão, situado na antiga Jerusalém. Contudo, foi destruído por Nabucodonosor II, em 587 a.C. Chama-se "Segundo Templo" aquele construído em substituição no século VI a.C. Podemos dizer que desse último período ao tempo de Jesus, a condição social, política e religiosa da mulher manteve-se mais ou menos inalterada.

[68] MEYERS, Carol. *As raízes da restrição. As mulheres no Antigo Israel.* São Paulo: Paulus, 1995, p. 416.

[69] DIAMANT, Anita. *A tenda vermelha (The Red Tent).* Rio de Janeiro: Sextante, 2001, cap. II, p, 128.

As leis não as protegiam. Contrariamente, obrigavam-nas a severa sujeição, que em tudo as desqualificavam e oprimiam. As meninas já eram mal recebidas no berço simplesmente por nascerem do sexo feminino e eram objetos ou propriedades de terceiros: pais, esposos, cunhados... A mulher não tinha direito a salário e, quando viúva, a situação tornava-se ainda mais dramática e desoladora. As filhas só possuíam algum valor quando vendidas; o pagamento podia ser em moedas ou através de diversos acordos.

Enfim, a mulher ao tempo de Jesus era um ser praticamente inexistente aos olhos da sociedade, objeto meramente de posse, como um escravo ou um asno. Tal indigência da mulher viúva é relatada no *Evangelho*, quando uma delas "deposita tudo o que tinha para viver" no tesouro do templo, e eram apenas "duas pequenas moedas".[70]

As mulheres não participavam da vida pública e até no templo possuíam seu espaço separado. Caso os participantes do sexo masculino fossem em número inferior a dez nos dias de culto no templo, o ofício não era realizado, embora lá estivessem presentes cinquenta mulheres, por exemplo. Elas nada representavam e eram, inquestionavelmente, em incontáveis aspectos, consideradas inferiores aos homens.

As mulheres hebreias de todas as idades labutavam duramente nos afazeres domésticos, nas plantações e no trato com os animais. Dobravam-se sobre pesadas moendas triturando as sementes de cereais. Preparavam e assavam os pães – muito importantes na alimentação da família hebraica – carregavam pesados cântaros de água, depois de percorrerem longas distâncias em busca das fontes e poços. Recitavam trechos dos profetas para os filhos, que se sentavam ao seu redor, sem retirarem os olhos dos seus teares, confeccionando as roupas da família.

---

[70] Mc 12,41-44.

Condição da mulher hebreia ante o culto ou prática religiosa

Como já mencionado, a mulher hebreia não tinha direito ao culto religioso. Nos templos ou nas sinagogas, ficavam atrás dos homens, em pátios separados, inferiores e secundários. Assim sendo, elas não existiam, não contavam, por mais numerosas fossem.

Delineamos de forma enfática a posição social e religiosa delas para sobrelevarmos a condição infinitamente libertadora de Jesus, em suas vidas, nos aspectos sociais, morais e espirituais.

1. Eram dispensadas do *Shema*, a habitual prece judaica. A ascensão delas ao templo limitava-se ao "átrio das mulheres", e os rabinos consideravam indigno ensinar a lei mosaica a uma mulher.

2. Não lhes era permitido orar à mesa nos momentos das refeições.

3. Eram dispensadas da participação das festas em Jerusalém.

4. Não oravam as três vezes ao longo do dia, conforme os homens judeus, pois todo judeu "fiel a Deus" elevava-se em preces três vezes por dia. Dentre as homilias, um louvor se destaca à nossa atenção, de forma bem especial: "Eu te bendigo, Senhor nosso Deus, porque não me fizeste mulher".

5. As mulheres eram constrangidas às "Proibições da Lei Religiosa" e juguladas ao rigorismo das leis civis, até mesmo à pena de morte.[71]

6. A mulher sofria severa discriminação em seus períodos menstruais, pois era considerada impura em tais dias. Interes-

[71] Jo 8,1-5.

sante resgatar que não só ela se tornava impura, mas qualquer um a quem elas tocassem. Posteriormente aos partos, elas eram consideradas igualmente impuras por um período de quarenta dias, se a criança fosse do sexo masculino; o dobro desse tempo, se o recém-nato fosse do sexo feminino. Vencidos os períodos menstruais,[72] em outras situações, como nos dias de resguardo, após os partos, elas eram obrigadas a oferecer sacrifícios no templo e se banharem no *mikveh*[73] para se purificarem.[74]

A mulher hebreia ante o casamento

O casamento era ao redor dos dezoito anos.

O casamento está fortemente associado à religião, ao povo e à terra, já que a descendência era a garantia da permanência do povo judeu nos limites que ocupavam. De igual modo, a segurança da perpetuidade dos costumes e tradições. Uma regra inalienável era a união matrimonial entre judeus somente. Caso contrário o consórcio não era aceito ou celebrado por um rabino.

Evitar-se união das filhas com pessoas pagãs era uma iniciativa decisiva. Portanto, os pais arranjavam consórcio para as filhas ao final da adolescência, valendo-se muitas vezes de um *shad-chan* (casamenteiro).

A poligamia era consentida e acontecia ocasionalmente.

O noivado não passava de um acordo comercial, envolvendo dotes e posses, ambos assinavam o *tenaim* (documento nupcial) comprometendo-se.

---

[72] ASHERI, Michael. *O Judaísmo vivo: tradições e leis dos judeus praticantes.* Rio de Janeiro: Imago, 1995.

[73] Tanque doméstico com a finalidade do banho, em completa imersão, após os períodos menstruais – para todas as mulheres da família, que sempre se faziam acompanhar por outra para se certificarem de uma completa submersão na água. Existiam também os tanques públicos com a mesma finalidade.

[74] Lc 2,22; Lv 12,1-8.

> Yehudah ben Teimah, na tradição rabínica, dizia: que cinco é a idade para o estudo das Escrituras, dez para o estudo da Mishnah, treze para a observância dos mandamentos, quinze para a introdução ao Talmud, dezoito para o casamento...[75]

A mulher hebreia ante o esposo

A mulher casada jamais se dirigia ao marido, menos ainda a outro homem. E, quando necessitava de algo, a resposta a ela era a mais sucinta possível.

Ao receberem visitas em seus lares, as mulheres não participavam da refeição, tampouco serviam os alimentos. Regra quebrada para os sábados e a ceia da Páscoa. Ademais, eram consideradas de natureza 'indiscreta', não podendo ouvir conversas masculinas.

O patriarcado era o regime ao tempo de Jesus e o pai de família possuía completa autoridade sobre os seus filhos, até de morte. Decidiam o próprio destino de seus filhos, mormente das filhas, vendendo-as muitas vezes como escravas ou concubinas.[76]

Quando casada, a mulher hebreia, de acordo com a lei, jamais poderia abandonar o seu marido, designado como *baal* (palavra hebraica de significado amplo, traduzindo também dono ou senhor). No entanto, para o homem, a poligamia era aceita, principalmente entre as pessoas de mais posses. "A poligamia e o concubinato eram um sinal de riqueza, de poder e de honradez".[77]

---

[75] AVOT, Rabino Pikei – 5:21 – *Sefaria* é uma livraria *on line*, aberta, de conteúdos e textos judeus. Disponível em: <https://www.sefaria.org>. Acesso em: 15 jan. 2018.

[76] BARON, Salo Wittmayer. *Historia social y religiosa del pueblo judio época antigua*. Buenos Aires: Paidós, 1968, v. 1, parte 1, p. 131.

[77] Paidós, 1968, v. 1, parte 1, p. 131. FELDMAN, Sérgio Alberto. *A mulher na religião judaica*. Disponível em: http://www.ucs.br/etc/revistas/index.php/metis/article/view/810. Acesso em: 8 nov. 2016.

Os maridos podiam se divorciar das mulheres, mas este direito não era outorgado a elas.[78]

A mulher hebreia

Coluna dos valores morais no lar

Paradoxalmente, era a mãe a principal responsável pela educação dos filhos, pela manutenção do espírito judaico, da cultura e das tradições familiares. No âmbito da formação do lar, a mãe representava uma peça fundamental. Esta forma de agir no lar era embasada na tradição bíblica – Deus se revela na pessoa humana. Mulher e homem como pessoas distintas, são iguais, livres em comunhão recíproca, desde a criação, representando igualmente a imagem de Deus sobre a terra. Pelo menos teoricamente.

Elas só podiam mostrar-se em público com o rosto velado, coberto com dois véus para que não se pudessem distinguir os traços de seu rosto. Caso saíssem à rua sem cobrir as cabeças e os rostos, ofendiam os bons costumes. Por esta razão, os maridos tinham o direito e o dever (religioso) de expulsá-las de casa e se divorciarem delas, sem estarem obrigados a pagar-lhes o valor contratado no matrimônio;

Se a mulher perdesse seu tempo na rua, falando com outras pessoas, ou mesmo se ficasse à porta de sua casa, podia o marido repudiá-la sem qualquer compensação econômica;

Uma mulher não podia estar sozinha no campo, e um homem não devia conversar com uma estranha.[79] Eram vistas com superficialidade, instigação ao sexo, desprezo e fonte de perigo. Por essa razão os homens 'de bem' tratavam de se afastar delas.

No entanto, foram justamente tais mulheres, comuns, inseridas na complexa rotina de suas vidas que observaram Jesus

---

[78] Dt 24,1-4.

[79] Jo 4,27.

pregar "as sublimes e novas leis de amor e misericórdia", que as arrebataram por completo... Foram elas que se mantiveram inflexíveis ao pé do madeiro: "algumas mulheres estavam observando de longe. Entre elas estavam Maria Madalena, Salomé e Maria, mãe de Tiago, o mais jovem, e de José".[80]

> "Na Galileia elas haviam seguido e servido a Jesus. Muitas outras mulheres que tinham subido com ele para Jerusalém também estavam ali".[81] Em muitos outros momentos eram elas as suas especiais companhias.
>
> Depois disso Jesus ia passando pelas cidades e povoados proclamando a Boa Nova do reino de Deus. Os doze estavam com Ele e também algumas mulheres que haviam sido curadas de espíritos malignos e doenças: Maria, chamada Madalena, de quem haviam saído sete demônios. Joana, mulher de Cuza, administrador da casa de Herodes; Susana e muitas outras. Essas mulheres ajudavam a sustentá-los com os seus bens.[82]

Evidentemente aconteceu, no decurso dos séculos, um muito mais amplo entendimento e aplicação das leis religiosas judaicas, assim como tudo se fulgura sob a luz do bom senso e do progresso, da misericórdia e do amor.

O libertador encontro

Dessa forma, revelam-nos as anotações históricas e bíblicas que a mulher ao tempo de Jesus era considerada bastante inferior ao homem e igualada a um escravo; desprezível ante a sociedade e desconsiderada ante as práticas religiosas. Mas Jesus veio ao encontro delas – ou elas ao encontro dele – para alfor-

---

[80] Mc 15-40.

[81] Mc 15.

[82] Lc 8,1-3.

riá-las desses grilhões injustos e ancestrais, para conceder-lhes a mais pura e fundamental liberdade, a liberdade espiritual.

Gradualmente afastavam-se para sempre as antigas assertivas do filósofo grego Platão, que rendia graças aos deuses por ter nascido "grego, livre e homem". Não mais o paradigma fincado na velha Acaia,[83] que apregoava a democracia excluindo as mulheres, bem como desvanecia, gradualmente, na Judéia as homilias dos judeus nas sinagogas:

> Bendito és Tu, Eterno, nosso Deus, Rei do Universo, que realizaste milagres para nossos antepassados naqueles dias e também nos dias de hoje.
>
> Bendito sejas Tu, Eterno, nosso Deus, Rei do Universo, que não me fizeste pagão.
>
> Porque todas as nações diante dele serão como nada. (Is 40,17)
>
> Bendito sejas Tu, Eterno, nosso Deus, Rei do Universo, que não me fizeste mulher. Porque a mulher não está obrigada a cumprir os mandamentos
>
> Bendito sejas Tu, Eterno, nosso Deus, Rei do Universo, que não me fizeste (escravo) ignorante. Porque o ignorante não se envergonha de pecar.[84]

Jesus-Cristo foi, e ainda é, o supremo libertador de almas dos cárceres sociais e religiosos; das imposições, opressões e das inomináveis barganhas em nome de Deus... Libertou não somente as mulheres, mas sobretudo a humanidade daqueles que, com vestes sacerdotais, disseminavam os abusos e a tirania, a crueldade e o despotismo.

O Cristo, o amor não amado e não compreendido, nem reconhecido, foi o maior abolicionista do gênero humano. Iluminou

---

[83] Grécia Antiga.

[84] MASLIAH Melamed, Meir. *Sidur Tefillat – Mishnah, coletânea orações matinais judaicas*. Rio de Janeiro: S. Cohen, 1966.

as trevas íntimas de cada ser que dele se aproximou, restaurando espiritualmente cada individualidade que soube recebê-lo, de suas próprias ignomínias. Guiou segura e verticalmente as almas para fora dos abismos de si mesmas.

4 – O Cristianismo e as Mulheres

A Palavra é a luz verdadeira que, vinda ao mundo, ilumina toda a humanidade. Aquele que é a palavra estava no mundo, e o mundo foi feito através dele, mas o mundo não o reconheceu. Ele veio para o que era seu, mas os seus não o receberam.

João Evangelista[85]

Teus sentimentos são poesia
Teus sofrimentos, melancolia.
Teus pelos leves são relva boa
Fresca e macia.
Teus belos braços são cisnes mansos
Longe das vozes da ventania.

Vinícius de Moraes[86]

---

[85] Jo 1,9-11.

[86] MORAES, Vinícius de. *Novos Poemas, a mulher que passa*. Rio de Janeiro: José Olympio, 1938, 11° poema.

As mulheres, inegavelmente, exerceram um importante papel na história do cristianismo nascente, ora como protagonistas dos ensinamentos evangélicos, ora recebendo de Jesus curas, bênçãos ou instruções para, em outros momentos, tornarem-se cooperadoras e fervorosas discípulas, legando grandes ensinamentos para a humanidade porvindoura:

- as irmãs Marta e Maria, também irmãs de Lázaro, residentes em Betânia;

- Joana de Cuza, esposa de um intendente de Herodes;

- a mulher samaritana que encontrou com Jesus à beira do poço;

- a célebre Maria de Magdala;

- Suzana e Verônica, a mulher que há anos sofria um fluxo;

- a mulher encurvada, cujo encontro foi pouco antes da Crucificação;

- a noiva de Jerusalém ou mulher adúltera, como é mais conhecida;

- Maria Marcos, parenta de Pedro e mãe do evangelista Marcos, que oferecia o próprio lar para os cultos cristãos.

- Salomé, mãe de João e Tiago;

- Abigail, noiva de Paulo de Tarso e irmã de Estevão;[87]

---

[87] XAVIER, Francisco Cândido, (médium), Emmanuel (espírito). *Paulo e Estevão*. 38ª ed. Rio de Janeiro: FEB. 2002, primeira parte, cap. IX, "Abigail Cristã".

• Eunice e Loide, mãe e avó de Timóteo, que ofereceram em Listra todo suporte para a caminhada do ente querido nas linhas redentoras do cristianismo primitivo, junto a Paulo de Tarso;

• Lídia, a purpureira de Tiatira, que muito auxiliou o apóstolo Paulo em sua caminhada missionária;

• Júnia, uma discípula entre os apóstolos;

• Febe, da comunidade de Cencreia, que corajosamente levou uma missiva de Paulo de Tarso aos cristãos de Roma;

• Priscila ou Prisca, esposa de Áquila, companheira do recém-converso Saul, posteriormente Paulo, nos estudos evangélicos no oásis de Dan, distante mais de cinquenta milhas de Palmira, no deserto siro-arábico, depois o reencontrando em Corinto;

• Dorcas ou Tabitha, a costureira de Jope, que se notabilizou na história do cristianismo primitivo; a despeito da própria pobreza, ajudava a muitos necessitados. Extremamente caridosa "costurava túnicas para os pobres e vestidos para as viúvas".[88] Segundo os *Atos dos Apóstolos*, ela morreu e foi ressuscitada por Pedro. Dorcas está entre os "setenta discípulos".

> A afirmação de Jesus "Muitos que agora são os primeiros serão os últimos, e muitos que agora são os últimos serão os primeiros"[89] aplica-se também às mulheres e às suas respectivas situações de inferioridade nas estruturas sócio-religiosas dominadas pelo gênero masculino, na sociedade patriarcal. Fazendo a proclamação do Reino para os pobres e fracos, Jesus queria

[88] At 9,39.
[89] Mc 10,31; Mt 19,30; 20,16.

> abranger as pobres mulheres judias e todas as outras, proclamando os direitos dos pobres e a justiça de Deus.
>
> Jesus trouxe uma divisa para as mulheres de seu tempo, dissolvendo, no amor e na fraternidade, na compreensão e no respeito, as rígidas bases da família numa sociedade patriarcal constituindo uma nova comunidade familial, comunidade que não sobrelevava os "pais de sangue" (em seu caráter despótico), enquanto se conservassem na estrutura de austeridade. Na família cristã, marido e mulher, pais e mães, filhos e filhas, irmãos e irmãs são essencialmente filhos de Deus, irmãos em Cristo, os próximos. Essa promoção das mulheres é um aspecto particular do Evangelho no que tem de mais essencial: a Boa Nova anunciada aos pobres, libertados com prioridade, por Jesus. Quando Jesus 'salva' uma mulher, muitas vezes assim o faz como desafio lançado ao grupo dirigente. A inocência que defende, com o apoio do prodígio (crístico), contesta a legitimidade dos poderes estabelecidos, protesta contra o arbitrário das reprovações coletivas.[90]

As muitas mulheres anônimas, como as ministras de uma comunidade cristã primitiva das quais o historiador Plínio, o Moço, governador da província romana da Bitínia, oferece notícias ao imperador Trajano de como haviam sido cruelmente torturadas. Igualmente os sacrifícios inomináveis da patrícia Lívia e de sua escrava Ana.[91]

---

[90] CASONATTO, Odalberto Domingos; VIEBRANTZ, Rosalir. *Jesus e as mulheres, as mulheres nos evangelhos sinópticos*. Disponível em: <http://www.abiblia.org/ver.php?id=1623>. Acesso em: 20 jan. 2018. Prof. Casonatto é Doutor em Sagradas Escrituras pela Escola Bíblica Franciscana de Jerusalém, dedicou-se por muitos anos como professor de Novo Testamento no Instituto de Teologia de Passo Fundo, RS.

[91] XAVIER, Francisco Cândido (médium); Emmanuel (espírito). *Há dois mil anos*. Rio de Janeiro: FEB, 2000, cap. V, "Nas catacumbas da fé e no circo do martírio".

Além do mais, como olvidar a viúva de Jerusalém que depositou duas moedinhas, que lhe faziam falta, no gazofilácio do templo? Que imorredoura lição o Mestre lega aos seus discípulos ao testemunhar tão generoso gesto!

Todas elas coroaram de inefável beleza a missão do Cristo e por Ele foram amadas e compreendidas como jamais foram no passado. Testemunharam suas lágrimas, enxugaram-lhe a face, ungiram de mirra os seus pés e cabelos, estiveram inflexíveis ao pé do madeiro cruel. E foi justamente uma mulher quem primeiro vislumbrou Jesus ressuscitado. Que extraordinário privilégio para uma ex-pecadora! Foram todas elas redimidas! Redivivas!

Nada obstante, a Idade Média também conheceu grandes cristãs e cidadãs de expressão em seu tempo, com condutas firmemente sedimentadas no Evangelho de Jesus: Clara de Assis, Jeanne de Picardia e Giacomina dei Settesoli, especial amiga de Francisco de Assis e por ele chamada de frei Jacoba, Joana d'Arc, Teresa d'Ávila, para citarmos apenas algumas, enquanto, a cultura medieval cantava a altos versos:

> Mulheres são anjos na igreja, diabos em casa e macacos na intimidade / Tudo que o instruído labora, louca mulher devora / A toda hora, cão urina e mulher chora / Não suportes por nada que tua mulher ponha o pé sobre o teu sexo, pois amanhã o ignóbil animal desejaria pô-lo sobre tua cabeça / [...] A quem Deus quer ajudar mata-lhe a mulher.[92]

A modernidade testemunhou as heroicas atitudes de amor, humildade e doações plenas de amor à dor, à indigência, ao abandono, nas ações legitimamente cristãs de madre Teresa de Calcutá e de irmã Dulce.

---

[92] DELUMEAU, Jean. *História do medo no ocidente*. São Paulo: Companhia das Letras, 1989. p. 343.

Perguntamo-nos sobre as tantas anônimas. Certamente incontáveis!

No aniversário recente dos cento e cinquenta anos de lançamento de *O evangelho segundo o espiritismo*, no ano de 2014, tomamos dele fragmentos da bela passagem intitulada "Os Infortúnios Ocultos"[93] para ilustrar, com as ações de uma mulher legitimamente cristã, o nosso propósito neste trabalho:

> Nas grandes calamidades, a caridade se emociona e observam-se impulsos generosos, no sentido de reparar os desastres. Mas, a par desses desastres gerais, há milhares de desastres particulares, que passam despercebidos: os dos que jazem sobre um grabato sem se queixarem.[94]

Tal menção nos arremete à mulher hemorroísa,[95] que há doze anos sofria de uma hemorragia, depois de procurar todos os recursos e gastar todos os seus haveres, manteve-se ao largo da vida, desamparada a mendigar "jazendo sobre um grabato" e desprezada pelos preconceitos sociais e religiosos de sua época. São os desastres ocultos que a maioria de nós não percebe no dia a dia.

> Esses infortúnios discretos e ocultos são os que a verdadeira generosidade sabe descobrir, sem esperar que peçam assistência.
>
> Quem é esta mulher de ar distinto, de traje tão simples, embora bem cuidado...[96]

---

[93] KARDEC, Allan. *O evangelho segundo o espiritismo*. 120ª ed. Rio de Janeiro: FEB, 2002, p. 266, cap. XIII, item 4, "Não saiba a vossa mão esquerda o que dá a direita / Os Infortúnios Ocultos".

[94] KARDEC, Allan. *Idem, ibidem*.

[95] Mc 5,24-34.

[96] KARDEC, Allan. *Idem, ibidem*.

Referência que podemos muito bem associar a Susana e à esposa do intendente de Herodes, Cuza, que ofereceram – segundo o evangelista Lucas – carinho e suporte a Jesus.[97] Mulheres de destaque no meio social de então, que vestiam as próprias almas de humildade para seguir e servir Jesus-Cristo.

> [...] e que traz em sua companhia uma mocinha tão modestamente vestida?[98]

As crianças e jovens são o nosso legado para o futuro. Deixá-las dormir nos falsos apegos é o mesmo que relegá-las à morte para os valores espirituais superiores. Necessitam de direção espiritual, entretanto, muito mais de saudáveis exemplos. Assim como estava morta a mocinha, filha do frequentador da sinagoga, Jairo, e ao toque energético de Jesus, de seu verbo imperativo e amoroso, que a tudo modifica – *Talitha qoum* (Menina, levanta) – ressurgiu com as suas próprias energias para uma vida renovada.

O evangelho segundo o espiritismo oferece sublime moldura para as ações legitimamente cristãs de Maria Marcos, mãe do evangelista Marcos; de Lívia, a patrícia romana mãe de Flávia Lentulus; de Eunice e Loide, mãe e avó de Timóteo; ao entregarem confiantemente o rapazote de treze anos aos cuidados de Paulo de Tarso na tarefa de viver, servir e difundir o Evangelho.

> Entra numa casa de sórdida aparência, onde sem dúvida é conhecida, pois que à entrada a saúdam respeitosamente. Aonde vai ela? Sobe até a mansarda, onde jaz uma mãe de família cercada de crianças. À sua chegada, refulge a alegria naqueles rostos emagrecidos. É que ela vai acalmar ali todas as dores.[99]

---

[97] E Joana, mulher de Cuza, procurador de Herodes, e Suzana, e muitas outras que o serviam com seus bens. (Lc 8,3).

[98] KARDEC, Allan. *Idem, ibidem.*

[99] KARDEC, Allan. *Idem, ibidem.*

Eis a vívida representação do próprio coração de Maria, a santíssima mãe, a quem Jesus legou João, como filho, e nele a personificação da humanidade inteira! Igualmente Maria de Magdala, que se tornaria, após o encontro com Jesus, um anjo tutelar amparando muitas vidas laceradas por dores físicas e morais.

> Traz o de que necessitam, condimentado de meigas e consoladoras palavras, que fazem que os seus protegidos, que não são profissionais da mendicância, aceitem o benefício, sem corar... Graças à boa senhora, aquelas pobres crianças não mais sentirão frio, nem fome... Se entre elas alguma adoece, não lhe repugnarão a ela, à boa dama, os cuidados materiais de que essa necessite.[100]

A incógnita viúva de Jerusalém, Lídia, a purpureira de Filipos, a corajosa Febe, Maria Marcos, transformando a sua alma e o seu lar em templo para o culto do evangelho, Dorcas, a caridosa costureira, todas estão retratadas nesse espírito de renúncia e doação oferecendo tudo o que possuíam, tornando-se mães, irmãs, amigas dos doentes, dos famintos e necessitados. Ofereceram-se, em pessoa, e ofereceram aquilo que lhes fazia falta.

> Qual o seu nome? Onde mora? Ninguém o sabe. Para os infelizes, é um nome que nada indica; mas é o anjo da consolação...
>
> É espírita ela? Que importa! Em casa, é a mulher do mundo, porque a sua posição o exige. Ignoram, porém, o que faz, porque ela não deseja outra aprovação, além da de Deus e da sua consciência.[101]

---

[100] KARDEC, Allan. *Idem, ibidem.*
[101] KARDEC, Allan. *Idem, ibidem.*

Eis, mais uma vez, a representação de todas essas mulheres redivivas pelo Cristo, relembradas na mensagem "Os Infortúnios Ocultos", em *O evangelho segundo o espiritismo*, mas, sobretudo, aquelas das quais nunca tivemos notícias!

"Silêncio! [...] Não o digas a ninguém". Falava assim Jesus.[102]

[102] KARDEC, Allan. *Idem, ibidem.*

5 - Miriam - Maria de Nazaré[103]

E, no sexto mês, foi o anjo Gabriel enviado por Deus a uma cidade da Galileia, chamada Nazaré, a uma virgem desposada com um homem, cujo nome era José, da casa de Davi; e o nome da virgem era Maria. E, entrando o anjo onde ela estava, disse: – Salve, agraciada; o Senhor é contigo; bendita és tu entre as mulheres. E, vendo-o ela, turbou-se muito com aquelas palavras, e considerava que saudação seria esta. Disse-lhe, então, o anjo: – Maria, não temas, porque achaste graça diante de Deus. E eis que em teu ventre conceberás e darás à luz um filho, e dar-lhe-ás o nome de Jesus. Este será grande e será chamado filho do Altíssimo; e o Senhor Deus lhe dará o trono de Davi, seu pai; E reinará eternamente na casa de Jacó, e o seu reino não terá fim.[104]

Aqui, a quem nunca foi
É dito: – Sede!
O Eterno Feminino
É a sua via.

Goethe

[103] O presente capítulo foi inspirado nos belíssimos textos do teólogo e novelista, poeta e literato russo Dmitry Serguéievich Merezhkovski em seu livro *Jesus desconhecido*.

[104] Lc 1,26-33.

Emociona-nos profundamente contemplar a *Pietà* – escultura em mármore do gênio italiano Michelangelo,[105] retratando Maria de Nazaré segurando o corpo do filho morto. Testificamos, ao resgatar o trabalho do mestre de Florença, que tudo aquilo que não se assemelhe às vilezas humanas – por essa mesma razão, estranho – é perseguido, condenado e destruído.

Ao tempo de Michelangelo, como em todos os tempos, a suspeita, a malícia e a maldade também medravam. Desse modo, duvidaram da verdadeira autoria de tão magnífica e sublime estatuária de Maria com seu filho ao colo – que transcendente sentimento a imagem da Mãe Santíssima nos inspira!

Colossal mediunidade a de Michelangelo, cujas mãos sem dúvida foram conduzidas pelas mãos dos artistas celestes. Depois da escultura pronta, a incomensurável perfeição e beleza suscitaram muitas discussões sobre a sua real autoria: "Como um rapazote de apenas vinte e três anos poderia conceber tamanha criação de arte?"

Tocado em seu brio e convicto da fidelidade da autoria, o cioso jovem entalhou uma fita atravessando o busto de Maria trazendo-lhe a assinatura, a única que se conhece: "*Michael Angelus Bonarotus florent facibat*", ou seja, "Michelangelo Buonarroti de Florença fez".

Ao admirarmos o sublime entalhe, do ano 1499, expressando a superlativa dor materna, somos atingidos por um raio, que fulmina nossa inteira capacidade de sentir nos moldes rasteiros, aos quais somos afeiçoados. Uma sublime emoção e uma profunda languidez nos invadem quando admiramos a piedosa

[105] Michelangelo di Lodovico Buonarroti Simoni nasceu na cidade de Caprese, Itália, no dia 6 de março de 1475, porém, passou parte de sua infância e adolescência na cidade de Florença. Morreu em 18 de fevereiro de 1564, aos oitenta e nove anos de idade na cidade de Roma. Até os dias de hoje é considerado um dos mais talentosos artistas plásticos de todos os tempos, junto com outros de sua época como, por exemplo, Leonardo da Vinci, Rafael Sanzio, Donatello e Giotto di Bondone.

mãe de Jesus, com os olhos do espírito sensível a resgatá-la em estuante vida, com o seu mais valioso tesouro inerte ao colo.

Capturar a maternal beleza divina, a sublimidade espiritual, através da arte, da literatura, da música, tem sido um desiderato que assoma os homens de todos os tempos. Muitos o fazem com louvor, outros apenas capturam precaríssimos traços da graça sublime. Destarte, seguem os nossos registros.

Relatam alguns romancistas e historiadores[106] que as jovens da vila de Nazaré eram notabilizadas por sua formosura. Porém, Maria (Miriam em galileu), quando chegou aos quinze anos era a mais bela de todas. Desse modo, do Tabor ao monte Hermon os pastores cantavam os seus encantos, assoprando suas flautas de bambu, ao amanhecer e ao entardecer:

> Miriam é como uma macieira florida de branco,
> Como uma romãzeira num jardim sombrio
> Sobre uma fonte límpida!
> Tu és Miriam a mais bela das filhas dos homens!
> A mirra, o aloés e a canela perfumam as tuas vestes.
> À tua direita fica a rainha coberta com o ouro de Ofir.
> O grande Rei se encheu de júbilo diante de tua beleza;
> Como ele é teu Senhor, prosterna-te diante dele.[107]

---

[106] MEREJKOVSKY, Dmitry. *Jesus desconhecido*. São Paulo: Companhia Ed. Nacional, 1935. ANTONINO, Martir, Sec. VI. Th. Keim, Geschichte Jesu, I, p. 323. HASSE, K. v., Geschichte Jesu, p. 219. A idade de Maria quinze a dezesseis anos, no Protev Ang, Jacobi, VIII, 2.

[107] MEREJKOVSKY, Dmitry Sergeyevich. *Jesus desconhecido*. São Paulo: Companhia Ed. Nacional, 1935, cap. I, “Como ele nasceu”, p. 122.

A casinha de José, noivo de Maria, engastava-se no flanco de uma colina e erguia-se muito branca acima das demais residências. Ao lado dela, os cedros muito verdes e espessos rumavam para o céu, sendo pouso das revoadas de andorinhas que brincavam alegremente. A aldeia não possuía mais do que vinte dezenas de habitantes. Assim, todos se conheciam e havia muitos aparentados.

A pequena construção, de forma cúbica, encorpava-se às outras numa vila íngreme, cujo acesso ligava as moradias do alto à cidade baixa por meio de uma escada de pedras com cento e cinquenta degraus irregulares e perigosos. Bem em frente da escada, lá embaixo, estava o único poço d'água do vilarejo.

As habitações de Nazaré eram todas iguais; cubiformes e completamente caiadas de branco, possuindo basicamente dois cômodos; um mais baixo de terra batida para as criações e o de cima, para os moradores. Nesse mesmo local da casinha exercia-se uma profissão: em algumas casas destacava-se pequena olaria, noutras uma carpintaria e em outras humildes tecelagens... As janelas das residências, em forma de fendas, invariavelmente eram enegrecidas pela fumaça das lamparinas de azeite que, para iluminar o interior, eram assentadas em pedras engastadas nas paredes ou sobre um tripé de ferro. O fogareiro para o preparo dos alimentos ficava do lado de fora e ali a rotina das senhoras de Nazaré se desenvolvia.

Dentro da casa havia muito pouco. Uma mesa tosca e, sobre ela, um cântaro com água, alguns bancos, esteiras enroladas a um canto – somente utilizadas na hora do repouso – e algumas garrafas de azeite enfileiradas ao chão... As casinhas possuíam um eirado; o que de mais pitoresco nelas existia, pois nas noites de verão ali os habitantes dormiam, sob o magnífico céu estrelado de Nazaré.

Miriam possuía o seu cômodo privado na casa de José; embora noivos, ele a respeitava santamente, aguardando o dia das bodas.

Duas vezes por dia Miriam descia para buscar água no poço; pela manhã e pela tardinha, com o cântaro na cabeça, apoiado sobre uma manta de lã de carneiro. Depois de enchê-lo, subia com muita energia. Quando atingia o último degrau, sua bela face estampava um magnífico rubor, dando-lhe maior graça. Tão determinada e forte era Miriam! Tão corajosa e confiante que, quando sentia falta de uma de suas ovelhas, corria a procurá-la no monte à noite, não temendo os pastores idumeus, nem os lobos e, nem mesmo, o conhecido soldado romano, sem escrúpulos, que era o terror de todas as meninas de Nazaré. Nada a menina temia, pois levava na mão um cajado e no coração, uma fervorosa oração.

O seu rosto era de um oval completamente doce e infantil, moreno rosado como a flor da amendoeira no crepúsculo da primavera. Seus olhos eram imensos, escuros como a noite e límpidos como as estrelas. Pareciam arregalados como os das criancinhas espantadas; os simples julgavam neles ver o céu e os maus, o inferno.

Miriam fizera muitas invejosas. As jovens de Nazaré, quando a viam na fonte com seu cântaro ou com as suas ovelhas e cabras para dar-lhes de beber, não conseguiam sopitar o desejo de falar dela...

– Olhos assim, eu não os queria por nada neste mundo. Parecem janelas duma casa em chamas! São terríveis como olhos de uma possessa! – sussurrou uma.

– Dizem alguns que certa vez ela foi levar suas ovelhas para pastarem no monte Tabor e lá viu qualquer coisa sobrenatural que a fez desmaiar, parecendo morta! Os pastores encontraram-na ao amanhecer... Deve ser o demônio que entrou nela, pois desde então possui esses olhos![108] – murmurou outra.

Em seguida, as moças começaram a falar dos tantos pretendentes de Miriam, e foi tão efusiva a conversação que quase

[108] MEREJKOVSKY, Dmitry Sergeyevich. *Jesus desconhecido*. São Paulo: Companhia Ed. Nacional. 1935, p. 12, segunda parte, cap. I, "Como ele nasceu", item 4.

terminou em severa discussão. Mesmo porque ninguém sabia se realmente Miriam possuía algum pretendente.

– Por que mistério ela vai se casar com José, o carpinteiro? Além de viúvo é velho e, pior, com filhos para cuidar... – realmente não compreendo, rematou outra entre cochichos.

Reconhecendo a patente realidade, uma adolescente das mais caladas completou:

– No entanto, temos que admitir, ela é muitíssimo simples, parece um anjo! Pertence à geração levítica de Arão. Quanto a José, é muito bondoso e vem da descendência real de Davi; se tiverem um filho, ele será o Messias da profecia asmonea. Afinal, quem não desejaria ser mãe do Messias?

As outras jovens, desconcertadas, franziram os cenhos e puseram-se novamente a cochichar.

De repente todas se calaram. Miriam se aproximava do grupo com seu cântaro à cabeça. Juntou-se às meninas e as fitou com seus olhos negros de criancinha espantada e saudou-as com um sorriso angelical. As mocinhas, envergonhadas, baixaram os olhares imediatamente com as faces ruborizadas.

As moças de Nazaré tinham razão numa coisa: a aura mística de Miriam desvelava o seu júbilo todo espiritual, porque ela aguardava a sua grande dádiva – o Messias.

Formar uma família era a sua grande expectativa. Cedo perdera os pais, e a única preciosa convivência familiar constituía-se dos primos residentes em Jerusalém, onde praticamente fora criada. Eram eles Isabel e Zacarias. O casal sempre amou Miriam como verdadeira filha e constantemente a sua presença lhes trazia puro júbilo às almas, pois não tinham filhos e, estando ambos em idade avançada, a moça era-lhes um doce consolo filial.

Envolvida por desvelado carinho, a jovem cresceu naquele lar acolhedor à sombra do templo, onde a meiga pomba se alimentava do pão oferecido pelas mãos dos anjos.

Isabel ensinou-lhe as artes domésticas: tecer, bordar e fiar, pois era hábil tecelã. Assim, as duas almas queridas ocupavam-se quando não estavam no templo em orações.

Naqueles dias, era bastante conhecido, nos ofícios do templo, um homem chamado Simeão pelos seus dons de profecia e grande espiritualidade, além de ser extremamente justo e piedoso. No mesmo tabernáculo havia uma profetisa, cujos dons eram muitíssimos respeitados, dada a santidade de sua alma. Seu nome era Ana. A viúva, filha de Famuel, da tribo de Asser, jamais deixava o templo. Vivia em constantes orações e jejuns.

Ana e Simeão possuíam grande estima por Isabel e Zacarias e sempre os visitavam, conversavam sobre muitas coisas, mas principalmente sobre a "consolação de Israel".

O grupo envolvido na sagrada confabulação o fazia tão suavemente que a custo podiam-se ouvir mutuamente enquanto o fuso do tear sibilava. De igual forma suavemente tecendo os fios coloridos. E os velhos murmuravam sobre as coisas sagradas...

"Pareciam abelhas sonolentas sobre uma rosa de inverno e Miriam avidamente bebia-lhes as palavras como o mais doce mel."[109]

– Meus olhos ainda hão de ver a salvação vir sobre todos os povos, iluminando todas as nações... – falava Simeão com tom de profecia e tomado de ânimo misterioso...

– A glória do Senhor reina sobre todos nós e que o Mestre venha breve!

"Breve, breve, breve!" – repetia também Maria, baixinho...

Ali, à sombra do templo, a menina completou quinze anos, quando foi prometida em casamento a José, retornando à pequenina Nazaré.

Miriam estava prestes a se consorciar com José quando recebeu uma visitação inusitada... Envolvendo-a em luzes magní-

---

109 MEREJKOVSKY, Dmitry Sergeyevich. *Jesus desconhecido*. São Paulo: Companhia Ed. Nacional, 1935, p. 125, cap. I, "Como ele nasceu".

ficas, um emissário dos altiplanos espirituais lhe apareceu. Sua imagem era a mais perfeita expressão da beleza e as luzes pareciam cegá-la, pois infinitamente mais potentes do que a luz do sol. E o anjo, saudando-a, disse:

– Salve, cheia de graça; o Senhor é contigo, bendita és tu entre todas as mulheres!

A jovem sentiu tamanha emoção que sofreu tontura e por pouco não desmaiou. Questionava intimamente quem era aquele ser magnífico descido subitamente de Deus e que saudação seria aquela?! O emissário, vendo-a trêmula e confusa, confortou-a:

– Miriam, nada temas, porque achastes graça diante de Deus! Escuta! Teu ventre abrigará uma criança e dar-lhe-ás o nome de Jesus. Ele será grandioso em virtudes e será por todos chamado de Filho do Altíssimo. Ele reinará eternamente e seu reino não terá fim!

A jovenzinha humildemente ajoelhou-se e respondeu:

– Eis aqui a serva do Senhor. Cumpra-se em mim segundo a vontade de Deus! – assim falando, desfaleceu ao solo.[110]

[110] "No sexto mês, foi o anjo Gabriel enviado por Deus a uma cidade da Galileia, chamada Nazaré, a uma virgem desposada com um varão cujo nome era José, da casa de Davi; e o nome da virgem era Maria. Entrando o anjo onde ela estava, disse: – Salve, agraciada; o Senhor é contigo; bendita és tu entre as mulheres. E, vendo-o ela, turbou-se muito com aquelas palavras e considerava que saudação seria esta. Disse-lhe, então, o anjo: – Maria, não temas, porque achaste a graça diante de Deus. Eis que em teu ventre conceberás, e darás à luz um filho, e por-lhe-ás o nome de Jesus. Este será grande e será chamado Filho do Altíssimo; e o Senhor Deus lhe dará o trono de Davi, seu pai, e reinará eternamente na casa de Jacó, e o seu Reino não terá fim. Disse Maria ao anjo: – Como se fará isso, visto que não conheço varão? Respondendo o anjo, disse-lhe: – Descerá sobre ti o Espírito Santo, e a virtude do Altíssimo te cobrirá com a sua sombra; pelo que também o Santo que de ti há de nascer será chamado Filho de Deus. Eis que também Isabel, tua prima, concebeu um filho em sua velhice; e é este o sexto mês para aquela que era chamada estéril. Porque para Deus nada é impossível. Disse, então, Maria: – Eis aqui a serva do Senhor; cumpra-se em mim segundo a tua palavra. E o anjo ausentou-se dela." Lc 1,26-38

Imaginamos a grandeza desse espírito, Maria, que aos quinze anos de idade abraça tão fervorosamente a superior missão; sem nada questionar, sem hesitar e sem nada temer... Colocou-se na posição de serva, na profunda compreensão dos desígnios maiores de Deus. Virgem era ela chamada, pois puríssima em espírito, sendo a única castidade que realmente define as sublimes almas.

Tão grande foi a sua ventura que se quedou desmaiada por três dias... Pela manhã, José levantou-se espantado, pois as ovelhas e as cabras baliam tristemente ainda presas, pedindo para serem levadas ao pasto. – O que teria acontecido? – perguntava-se. – Será que Miriam adoeceu?

José bateu mansamente na porta rústica de taipa, mas Miriam não respondeu. Empurrou devagarzinho a porta e assustou-se, pois não a viu ali. Começou a chamá-la e a procurá-la, mas ela não respondia. Quando subiu ao eirado, encontrou-a desmaiada. Num ímpeto, José rogou a Deus: "Senhor, toma também minha alma", pois a amava muito. Mas logo verificou com muito alívio que ela estava viva. A face dela, no entanto, estava desmesuradamente branca como a flor branca da amendoeira. José levou-a carinhosamente para dentro, velando pela alma querida entregue no estranho torpor por três dias e três noites.

Depois disso, ela abriu meigamente os olhos, fitou o companheiro e exclamou com muita doçura, mas em tom vibrante:

– José, minha alma magnifica o Senhor e meu espírito se alegra em Deus que é meu Senhor, porque ele se dignou lançar os olhos sobre a humildade de sua serva. E eis que daqui por diante todas as épocas me chamarão bem aventurada.[111] A misericórdia de nosso filho permeará as gerações; com o exemplo de sua vida envergonhará os soberbos, pensará com o coração; mostrará que os verdadeiros eleitos são os humildes, para eles o trono das glórias eternas; os famintos do espírito não terão mais fome.[112]

---

[111] Lc 1,46-48.

[112] Lc 1,49-53.

Os vinhedos enfeitavam-se de flores quando o anjo havia aparecido a Miriam. Os cachos maduros de uvas pendiam das cepas quando ela já estava grávida. E o mesmo anjo apareceu a José em sonho e lhe disse: "Maria dará à luz um filho, que é filho do Altíssimo, que tu farás chamar Jesus!"

Ao acordar, buscou Miriam celeremente exclamando, entre assustado e jubiloso.

– Miriam! Bendito seja o Senhor que se cumpriu a predição anunciada pelos profetas desde recuados tempos! Bendito seja Deus! Bendito seja Deus! Quando estiver próximo de a criança nascer, partiremos para a Judéia, pois a profecia fala do nascimento do Messias em Belém.

A jovem esposa concordou meigamente.

Não demorou e Miriam foi dar as notícias para Isabel e a encontrou também grávida; a senhora a saudou alegremente:

– Bendita és, Miriam, entre as mulheres, e é bendito o fruto de teu ventre! Que alegria a visita da mãe de meu Senhor!

Ao ouvir a amorosa saudação de Isabel, a criancinha saltou no ventre de Miriam.

Passados três meses, a neve já cobria os picos mais altos das montanhas. Chegara o tempo do nascimento da adorada criança, quando Miriam, assentada num burrinho, partiu, com José puxando o obediente animal. Como serva fidelíssima, empreendeu junto ao esposo uma difícil jornada na estação invernosa por entre as colinas. A neve derretida fazia o trotar do burrico respingar lama nas vestes da jovem mãe. Mas ela não reclamava de cansaço, nem de desconforto. Vivia na sublime aura do Cristo, impregnada sublimemente dele.

Anoitecia quando o casal exausto aportou Belém, batendo de albergue em albergue. Não conseguiram abrigo, pois os visitantes para as festas de Jerusalém haviam tomado todas as estalagens. Um velho pastor, no entanto, vendo-lhes e percebendo a adiantada gravidez da jovem, ofereceu-lhes um estábulo no campo, devidamente protegido por uma gruta, onde ele instalava seus animais.

Ali Miriam deu à luz, enrolou amorosamente o rebento precioso em panos e deitou-o numa manjedoura, velando-o com infinita ternura. Uma vaca estendeu o seu focinho como se também velasse a criancinha, e um burrinho que lá estava fitava atentamente o pequenino, a compreenderem muito mais do que os homens a imensidade daquele nascimento. "A luz brilhou nas trevas e as trevas não o compreenderam".[113]

Maria adormeceu no fundo da gruta. José e os animais, num divinal silêncio, não retiravam os olhos do pequeno querubim. Quando ele acordou, o pai, José, fazendo-se o maior de todos os mendigos da Terra, tomou em seus braços o filhinho, como precioso tesouro, e levou-o à sua mãe. Mãe e filho! Com aqueles dois, o velho mundo se extinguia e um novo se recriava, simultaneamente. Nada jamais seria o mesmo! Da gruta humilde reverbera até os dias atuais e pelos tempos sem fim o mais sublime cântico de amor que a humanidade já recebeu.

Desde o momento da concepção metafísica, as mentes mais brilhantes têm se entregado a pesquisas e altercações, através dos séculos, quanto à natureza do nascimento de Jesus. O fato é que Ele, astro de grandeza ultradimensional, de vibrações atômico-espirituais inimagináveis, rompeu a escuridão da humana ignorância, trazendo a divina luz às almas impenitentes, tendo-o feito através de um "vaso escolhido": Maria. Independentemente de como tal concepção se deu, a jovenzinha de Nazaré, por sua genuína e colossal dimensão espiritual, marcaria os tempos e as eras como o coraçao de escol, a única que na Terra pode chamar a Jesus de meu filho.

O menino crescia e se fortalecia em espírito, cheio de sabedoria. A graça de Deus estava sobre ele.[114]

---

[113] Jo 1,5.

[114] Lc 2,40.

Em breve tempo, o casal retornou a Nazaré. Vivia alegremente os dias com o rapazinho, que crescia aos olhos dos pais diligentes. "Os pais iam todos os anos à festa da Páscoa, em Jerusalém. Quando ele fez doze anos foram com ele a Jerusalém, segundo o costume da festa".[115]

A mãe, zelosa, sabia dos perigos de ir-se direto de Nazaré a Jerusalém, o que fariam em apenas três dias. Mas tinham que atravessar a Samaria, e os samaritanos não consideravam os judeus. Não lhes dariam sequer um pote d'água, se não os insultassem ou, até, matassem. Miriam decidiu, então, seguir com o esposo e o filho pelas densas florestas da Pereia e em seis dias estavam cruzando o rio Jordão e descendo para o vale de Jericó.

Era a época do Nizan, tempo da cevada madura, dos primeiros frutos, das flores enfeitando... Tudo era encantamento. O clima, todavia, estava especialmente quente e a pequena família estava exausta ao atingir a profunda depressão do mar Morto. O vale era um reduto de variados perfumes e belezas, como um sagrado jardim de Deus. Por essa razão, o nome Jericó significa a perfumada. Em Jericó, recolheram-se para um breve repouso para retomar a caminhada até Jerusalém através de acesso íngreme e sinuoso entre duas muralhas de rochedos avermelhados – parecendo encardidos, até – pelo manganês. Por essa razão, recebeu o estranho nome de ladeira do Sangue.[116] Seguiram caminhando durante um dia inteiro até que, vencida uma curva

---

[115] Lc 2,41-42.

[116] IUSTINUS, Flavius. *Reminiscências dos apóstolos*. Disponível em: <http://geodabiblia.blogspot.com.br/2016/12/onde-estava-localizado-o-vale-da-sombra.html>. Acesso em: 17 dez. 2017. Adumim (Js 15-7) que está situado na fronteira de Judá, que liga Jerusalém a Jericó, conhecido também como ladeira de Sangue, em um caminho de aproximadamente vinte e sete quilômetros, com uma depressão demais de mil metros descendo de Jerusalém.... Esse mesmo lugar é aquele que Jesus se utiliza para ilustrar a parábola do bom samaritano, onde existem muitos ladrões e salteadores, que se escondiam nos rochedos e em cavernas escavadas.

brusca da estrada, próximo à aldeia de Bethphagé, no monte das Oliveiras, descortinou-se a velha Jerusalém, com seu anfiteatro e as casinhas brancas amontoadas. Em meio a esse aglomerado, erguia-se em ouro e beleza, mármores e suntuosidades: o templo de Jerusalém.

Passados os festejos, um grupo reuniu-se para empreender a viagem de retorno. Dentre eles, estavam Maria, José e o filho. Muito facilmente o pequeno Jeschua havia se misturado com os membros da pequena caravana sendo, graças à bonomia que lhe era peculiar, amado e cuidado por todos. Por essa razão, os pais não se preocuparam. Contudo, após atingirem Jericó, subitamente o coração materno afligiu-se e Miriam começou a procurar pelo filho, não o encontrando. A mãe, apreensiva, ainda não estava acostumada às fugas, comum aos jovens curiosos. Por isso, temia pela segurança dele o que a fez, junto com José, retornar rapidamente a Jerusalém. Foram três dias de intensa procura. Enfim, "encontraram-no no templo, sentado no meio dos doutores, ouvindo-os e fazendo-lhes perguntas; e todos os que o ouviam estavam maravilhados com sua inteligência e as suas respostas".[117]

Jesus estava assentado, segundo o uso das escolas, no meio da tríplice fila dos discípulos, aos pés dos velhos sábios de Israel, no magnífico mosaico de mármore decorado de rutilante colorido, na sinagoga das Pedras de Obragem, *Lischat Hagasit*, na extremidade do pátio interno do templo, local onde se reuniam algumas vezes os membros mais eminentes do *San'hedrin*, Sinédrio. Junto deles, o menino de apenas doze anos os escutava, interrogava-os e os respondia.

Espantada por encontrá-lo em meio aos anciãos do templo e como uma mãe muito zelosa, Miriam expôs:

– Meu filho, porque fizeste isso conosco? Eu e teu pai estamos a procurar-te por três dias cheios de preocupação! – Ao que o rapazinho respondeu:

[117] Lc 2,46-47.

– Por que me procuravas? Não sabias que eu deveria estar a serviço de meu Pai?[118]

Contudo, naquele momento, Miriam era apenas a mãe muito zelosa que somente conseguia atinar para o desaparecimento do filho amado, não para as suas palavras.

Paradoxal amor o de Miriam-mãe. Ora possuía completa ciência de quem era seu filho e para que viera ao mundo. Sabia que ele pertencia à humanidade, pois os judeus compreendiam Israel como o tabernáculo do mundo. Em outros momentos, era exclusivamente o coração maternal, aflito e temeroso, ante o sumiço do filhinho adorado! Ah!, o amor das mães, sentimento somente compreendido em sua nobreza e sublimidade por Deus!

> Naquele momento Miriam lembrou-se que um dia, ao cair da noite, sem saber mesmo se dormia ou estava acordada, um rapazinho em tudo semelhante a Jesus entrara-lhe em casa. Primeiro, tendo provavelmente visto mal o seu rosto, o tomou pelo próprio Jesus, mas logo que ele lhe perguntou: "Onde está meu irmão Jesus? Quero vê-lo", logo compreendeu que não era ele. Então, o rapazinho se transformou em uma menina, e Maria, julgando-se tentada por um fantasma, um duplo de Jesus, teve tanto medo que se debateu como num pesadelo, louca de pavor. Sem saber quase o que fazia, amarrou o rapaz-rapariga ao pé do leito e correu a procurar Jesus, a fim de compará-los e verificar qual dos dois será o verdadeiro; mas foi em vão: ele e ela eram perfeitamente parecidos. Depois, abraçando-se e beijando-se, os Dois tornaram-se Um.
>
> E eis que, de novo no crepúsculo que enchia talvez a sinagoga das Pedras de Obragem, ela procura em vão saber o que ele é. Não teria desaparecido o verdadeiro e não seria o outro que haviam encontrado? E ela teve medo, então, mais medo acordada do que outrora, em sonho. Tudo se confundiu e obumbrou

[118] Lc 2,48-50.

> no seu espírito, não distinguindo mais o sonho da realidade. Nada compreendeu e de nada se recordou; vendo o estranho olhar dos olhos familiares, ouvindo o estranho som da voz familiar, sentiu que enlouquecia, não só de medo, mas de dor.
>
> "E a ti mesmo uma espada te traspassará a alma", dissera-lhe uma voz antes de ele nascer. Mas ela, então, não sabia quem brandiria o gládio e agora o sabe: será seu Filho.
>
> "Aquele que não odiar pai e mãe..." – o coração de toda a humanidade, o coração da Terra-Mãe será traspassado por esse gládio do Filho como por um raio glacial.[119]

Patenteia-se a completude em absoluta perfeição daquele espírito que participou da própria formação do orbe terreno. A irretocável integralidade; *animus* (masc.) e *anima* (fem.), na expressão junguiana,[120] na mais absoluta consistência de todas as virtudes das polaridades feminina e masculina. Àquela mãe especial, tudo isso foi revelado por mercê de sua missão e grandeza espiritual.

Eis que novamente naquele crepúsculo, na sinagoga das Pedras de Obragem, ela procura identificar o filho. Naquele momento fora como se o rapazinho de sua convivência diária desaparecesse e um homem sentava-se junto aos anciãos. Sua vista estava turbada e novamente a sua cabeça confusa. Teve mais receio acordada do que outrora, dormindo. Sentiu a voz familiar advertindo-a com extrema maturidade. Mas não era o filhinho amado de todos os dias. Desta vez, sentiu mais do que temor, sentiu imensa dor.

[119] MEREJKOVSKY, Dmitry Sergeyevich. *Jesus desconhecido*. São Paulo: Companhia Ed. Nacional, 1935, p. 169, cap. III, "Os dias de Nazaré", Item XII (Apócrifo).

[120] Carl Gustav Jung, (Kesswil, 26 de julho de 1975 – Küsnacht, 6 de junho de 1961) foi psiquiatra e psicoterapeuta suíço fundou a psicologia analítica. Jung propôs e desenvolveu os conceitos da personalidade extrovertida e introvertida, arquétipos, e o inconsciente coletivo.

O filho querido não lhe pertencia, mas à humanidade inteira. De imediato, recordou de uma voz que lhe dissera antes do nascimento de Jesus: "A ti uma espada traspassará a alma"... Agora ela começava a compreender o que seria a vida de seu próprio filho.

> Ele os acompanhou de regresso a Nazaré e era submisso. E sua mãe conservava todas as suas palavras no coração. Jesus crescia em sabedoria, tamanho e graça, diante de Deus e diante dos homens.[121]

Enquanto crescia, o rapazinho mesclava os momentos de completa submissão aos pais com grande lucidez e independência espiritual. Comparecia à escola e misturava a sua voz ao coro das crianças de sua idade, tornando de novo a ser menino. Em outros momentos, era como um mestre repetindo os versículos da lei. Trabalhava na carpintaria familiar sob os olhos cuidadosos da mãe, levava as cabras para o pastoreio apoiado em seu cajado e, quando retornava de longe, a mãe o reconhecia e o seu coração se enchia de júbilo...

Jesus, no final da lida diária, sentava-se a um canto com o fulgor da lamparina de azeite emprestando-lhe uma aura de ouro à face. As pernas dobradas ao solo projetavam as sandálias usadas e ele cantarolava, como o cicio de um pássaro triste, um salmo. A mãe sempre se aproximava dele e sentava-se ao seu lado, trazendo suavemente a cabeça do filho amado ao seu seio, acariciando-lhe docemente as madeixas douradas pelo sol. Miriam, não poucas vezes, queria lhe dizer algo, mas não encontrava palavras suficientes que vestissem emoções tão intensas. Assim, ficava silenciosa. Silencioso Jesus também ficava. Apenas erguia o olhar para a mãe, como um cordeirinho manso, com um fitar terno de criança, e sorria divinamente, apenas pronunciando:

[121] Lc 2,51-52.

"Mãe"! Cerrava os olhos devagarzinho, e tão profundamente se entregava como se nunca mais fosse acordar, enquanto de seu rosto flamejava um brilho divinal.

Miriam relembrava as palavras do anjo: "Alegra-te, cheia de graça!" e apenas murmurava baixinho, como outrora; "Eis-me aqui, sou a serva do Senhor! Que seja feita segundo a tua vontade, ó Deus!".

Não mais o temor, não mais a tristeza pelo filho, que também pertencia ao mundo; compreendia o quanto ele a amava como ninguém a havia amado. Aquele amor, a certeza da missão dele fez com que ela buscasse compreender os futuros eventos de sua vida pública, quando passa a observá-lo – num genuíno ato de precognição –, por entre as multidões a seguirem-no por toda parte e ela, avançada em idade, mal conseguindo aproximar-se dele.

Certa feita, em tempos futuros, sua visão se confirmaria quando, tentando se achegar a Jesus e não conseguindo, pelo número de pessoas, alguém a reconheceria proclamando: "Jesus, tua mãe e teus irmãos estão lá fora!" E ele replicaria: "Quem é minha mãe e quem são meus irmãos? Quem quer que cumpra a vontade de Deus é meu irmão e minha mãe".[122] Miriam sentiria uma lâmina transpassar seu coração ao ouvir Jesus. Conhecer a missão do filho era uma coisa; mas senti-lo rebentar-se de seu contubérnio materno para pertencer a todos desafiava o seu amor mais do que tudo. Orava e buscava em Deus a compreensão superior do que lhe havia sido anunciado antes mesmo do nascimento de Jesus. Gradual e lentamente, aquela mulher especialíssima se transmutava, desabrochava qual rosa sublime, de mãe de Jesus para a piedosa mãe de toda a humanidade.

Miriam passa a compreender a extensão do amor impessoal, atemporal e transcendental de Jesus. Tanto que, nas bodas de Caná, estando ela junto dele e de seus discípulos, com muita serenidade lhe fala: "Jesus, não tem vinho". Depois o ouve e com-

[122] Mc 3,31-35.

preende: "Mulher, que tenho eu contigo? Ainda não é chegada a minha hora".[123] Então, Miriam disse aos serventes que fizessem tudo o que ele dissesse.

O vinho é a oferenda de quem honra e é honrado, a promulgar o amor puro de Jesus. Quando a mãe percebeu que os sentimentos nas relações humanas rapidamente se extinguem, tentou dizer a Jesus da necessidade de apresentar-lhes "o bom vinho" de seu espírito puro, aquele imperecível e insubstituível.

Ao chamar a própria mãe de "mulher", acrescentando "que tenho eu contigo", Jesus evidencia que esse amor incondicional excede ligações puramente humanas e de parentela e que momentos mais apropriados para oferecer seu "bom vinho" estavam por chegar, mas ainda não era a hora. É preciso que os que ouvem e recebem possuam olhos de ver e ouvidos de ouvir para que "não lanceis aos cães as coisas santas, não atireis aos porcos as vossas pérolas, para que não as calquem com os seus pés... e as despedacem".[124]

Finalmente, ao solicitar aos serventes, que somos todos nós, que "fizessem tudo o que ele dissesse", Miriam compreende integralmente a grandeza e superioridade da missão de seu amado filho Jesus.

Retomamos o início deste capítulo: "Emociona-nos profundamente contemplar a *Pietà* – escultura em mármore do gênio italiano, Michelangelo, retratando Maria de Nazaré segurando o corpo do filho morto. Testificamos, ao resgatar o trabalho do mestre florentino, que tudo aquilo que não se assemelhe às vilezas humanas – por essa mesma razão, estranho – é perseguido, condenado e destruído". Assim, amor, misericórdia, compaixão e perdão eram estranhos e difíceis de serem assimilados num período dominado pela avareza, pelas posses e pela banalização dos bens valiosos do espírito.

---

[123] Jo 2,1-5.

[124] Mt 7,6.

Jesus-Cristo é condenado no poste ignominioso, os seus discípulos fogem aterrorizados. Ao pé da cruz, no momento máximo do martírio, somente a zelosa mãe de alma lacerada por dor extrema, acompanhada de João, Maria de Magdala e de alguns poucos do círculo mais próximo do Mestre. Repetia entre murmúrios:

– Meu filho! Meu filho, amado! Que te fizeram os homens? Somente amaste, somente pregaste o amor e o perdão, somente socorreste as dores e necessidades de toda espécie. Por que, meu filho? E as lágrimas corriam copiosas pela face angelical, enquanto na memória capturava todos os dias de sua convivência com o filho adorado; desde a manjedoura humilde até os dias de visita a Jerusalém, da infância querida à estuante maturidade espiritual. Sim! Era filho de Deus e Mestre de toda a humanidade, mas igualmente, ainda, era o filhinho adorado que recolhera nos braços quando de seus primeiros vagidos. Amava-o com as veras de seu imaculado coração. E ao olhar para o filho crucificado, que capturava da mãe os pensamentos, ouviu de seus lábios ensanguentados, entre sussurros:

– Mãe, eis aí o teu filho! – apontando meigamente com o olhar para João, o discípulo amado. Em seguida, ainda fitando o filho de Salomé, murmurou: – Filho, eis aí a tua mãe!

Miriam, deixando-se abraçar por João, compreende, entre lágrimas de profunda dor, que somente tangidos pelo amor universal nas bases do Evangelho sentido e vivido a humanidade poderá se redimir.

Miriam venceu uma longa existência dedicada ao bem e ao esclarecimento evangélico, procurada por multidões e sendo o maior referencial de amor, depois de Jesus. Miriam de Nazaré foi, e permanece sendo, a Santíssima Mãe trazendo à luz de seu imaculado espírito, o filho amado e seus ensinamentos para os sofredores de todos os tempos. Na avançada velhice, recolheu-se enferma ao leito, na cidade de Éfeso, próxima à costa da região da Lídia, onde passara a residir há tempos.

Com as forças físicas se extinguindo, quase não podia mais receber aos doentes e aos tantos peregrinos que a buscavam. Entretanto, ainda assim, não conseguiu deter um deles, que afirmou vir de longas distâncias...

– Minha mãe! – saudou o peregrino, conforme todos o faziam recorrendo ao seu desvelado amor.

Maternal e amorosamente, ela o convidou a entrar. Sua voz estava débil e a fraqueza era imensa, mas balbuciou:

– O que posso fazer por você, meu filho? Não estou mais em condições de auxiliar como em outros tempos.

O visitante, numa tonalidade de grandiosa majestade e amor, respondeu:

– Minha mãe, nada te peço! Já fizestes a tua parte, serva bendita do Senhor! Sou eu que lhe vim ao socorro, quero tomá-la nos braços e levá-la comigo! – Miriam abrindo os olhos negros, que subitamente se tornaram os mesmos olhos da juventude, vivos qual de uma criancinha assustada, perguntou, entre lágrimas:

– Meu filho! Meu filho amado! És tu?

Entre soluços, foi abraçada por Jesus, agora resplendendo diáfana claridade.

– Acalma-te, minha mãe – rogou. – Venho em nome daquele ao qual serviste por toda tua existência para que continues a tua missão de velar pela humanidade! Vem, minha mãe. O teu tempo chegou!

Jesus, partindo com seu valioso tesouro ao colo, rumou para as esferas infinitas de luz!

Como compará-la a qualquer outra mulher, dos tempos passados ou atuais? Nestes textos, dentre as demais, ela é única. Vemo-la como maravilhoso exemplo de amor e renúncia, espírito de elevadíssima estatura a nos apontar virtudes a serem arduamente alcançadas.

Dentre as gigantescas tarefas abraçadas por Maria, em prol da humanidade, encarnada e desencarnada, temos notícias de seus empenhos pela recuperação dos suicidas, responsabilizando-se pessoalmente por capturá-los do vale dos Suicidas, sítio de tremendos sofrimentos nas paragens etéreas, conforme narrado pelo espírito Camilo Castelo Branco, no livro *Memórias de um suicida*, pela inolvidável mediunidade de Yvonne do Amaral Pereira.

Maria é a bondosa tutora das mães sofredoras nos campos das grandes lutas terrenas e espirituais, reverenciada por Francisco de Assis, Bezerra de Menezes, Bittencourt Sampaio, dentre tantos.

Ave, Maria, senhora do amor, para sempre!

Adendo

José da Galileia[125]

Em geral, quando nos referimos aos vultos masculinos que se movimentam na tela gloriosa da missão de Jesus, atendemos para a precariedade dos seus companheiros, fixando, quase sempre, somente os derradeiros quadros de sua passagem no mundo.

É preciso, porém, observar que, a par de beneficiários ingratos, de ouvintes indiferentes, de perseguidores cruéis e de discípulos vacilantes, houve um homem integral que atendeu a Jesus, hipotecando lhe o coração sem mácula e a consciência pura...

José da Galileia foi um homem tão profundamente espiritual que seu vulto sublime escapa às analises limitadas de quem não pode prescindir do material humano para um serviço de definições.

Já pensaste no cristianismo sem ele? Quando se fala excessivamente em falência das criaturas, recordemos que houve tempo em que Maria e o Cristo foram confiados pelas forças divinas a um homem.

---

[125] *Levantar e seguir*. São Bernardo do Campo: GEEM, 1992, p. 12, cap. "José da Galileia".

Entretanto, embora honrado pela solicitação de um anjo, nunca se vangloriou de dádiva tão alta. Não obstante contemplando a sedução que Jesus exercia sobre os doutores, José nunca abandonou a sua carpintaria.

O mundo não tem outras notícias de suas atividades senão aquelas de atender às ordenações humanas, cumprindo um édito de César e as que no-lo mostram no templo e no lar, entre a adoração e o trabalho. Sem qualquer situação de evidência, deu a Jesus tudo quanto podia dar.

A ele deve o cristianismo à porta da primeira hora, mas José passou no mundo dentro do divino silêncio de Deus.

6 - A Noiva de Jerusalém[126]

E os escribas e fariseus trouxeram-lhe uma mulher apanhada em adultério; E, pondo-a no meio, disseram-lhe: "Mestre, esta mulher foi apanhada, no próprio ato, adulterando. E na lei nos mandou Moisés que as tais sejam apedrejadas. Tu, pois, que dizes?" Isto diziam eles, tentando-o, para que tivessem de que o acusar. "Aquele que de entre vós está sem pecado seja o primeiro que atire pedra contra ela." Quando ouviram isto, redarguidos da consciência, saíram um a um, a começar pelos mais velhos até aos últimos... "Mulher, onde estão aqueles teus acusadores? Ninguém te condenou?" E ela disse: "Ninguém, Senhor." E disse-lhe Jesus: "Nem eu também te condeno; vai-te, e não peques mais."

João[127]

---

[126] O relato do Evangelista João sobre a "Mulher Adúltera" (8, 1 a 11) foi retirado do cânone até o Século IV, sob o pretexto de que permitia às mulheres a "impunidade do adultério" considerado um pecado grave e que foi muito facilmente perdoado por Jesus, posição compartilhada por santo Agostinho. A santa Sé, malgrado os combatedores e a posição de santo Agostinho, manteve a passagem e o cânone, não tendo receio da mansuetude e a magnanimidade de Jesus, no que fez muito bem.

[127] Jo 8,1-11.

A fé da religião do Amor é diferente.
A embriaguez do vinho do Amor é diferente.
Tudo que aprendes na escola é diferente.
Tudo que aprendes do Amor é diferente.

Rumi[128]

Instigante avaliar que, em determinados aspectos morais, o mundo parece ter mudado relativamente pouco no decurso dos séculos. "Naqueles tempos, como muitas vezes em nossos dias, as festas religiosas populares, a par de edificantes testemunhos de fé e piedade, eram também dias de lamentáveis desordens e, não raro, o diabo mais do que Deus colhia farta messe".[129]

Nos lábios da ignorância, em pleno século 21, permanecem as terminologias pejorativas e depreciativas a condenar eternamente um indivíduo como: assassino, ladrão, adúltero, transgressor, viciado, situando-o inexoravelmente à margem da convivência social.

Tais almas, muitas vezes, perdem as suas próprias identidades para se tornarem somente uma pecha junto à multidão insana, que as descaracteriza pelo julgamento precário e patético, através dos tribunais de suas inconsciências, ocultando as suas peculiares vilezas. Enfim, tal acontecimento é de todos os tempos.

Resgatamos das anotações de nosso preclaro Francisco Cândido Xavier algo digno de nota. Quando lhe perguntaram: "Que definição o senhor me dá do criminoso?" E ele, com muita tranquilidade, respondeu: "O criminoso é qualquer um de nós que foi descoberto".[130]

O mundo em sua insanidade, por carência de Evangelho, ainda categoriza as individualidades e as crucifica no madeiro

[128] Jalal ad-Din Muhammad Rumi – (30 de setembro de 1207 – 17 de dezembro de 1273), foi um poeta, jurista e teólogo sufi persa do século XIII.

[129] RODHEN, Huberto. *Jesus Nazareno*. Vol. II São Paulo: Martin Claret, 1997, p. 17, cap. "A Adúltera".

[130] SILVEIRA, Adelino. *Chico, de Francisco*. 2ª ed. São Paulo: CEU, 1987, p. 143.

do escárnio público, e os corações infelizes deixam de ser almas em redenção para se tornarem títeres nos lábios da pseudoautoridade dos "doutores e juízes" de nosso tempo.

> As ilusões do raciocínio e as ilusões da prática parecem ser a síntese de todas as falhas humanas, mas na realidade há outras duas em suas bases. A primeira é a ignorância, a segunda é o desejo.
>
> As delusões (enganos) do raciocínio baseiam-se na ignorância e as delusões da prática apóiam-se no desejo, assim, esses dois conjuntos formam, na realidade, apenas um conjunto, e juntos são a fonte de todo infortúnio.
>
> Os homens muitas vezes arruínam as suas vidas na tentativa de concretizar os desejos; roubarão, insultarão e cometerão adultério, e então, sendo apanhados, sofrerão com a desgraça e a punição por isso.
>
> Eles pecarão contra o próprio corpo, língua e mente, embora sabendo perfeitamente que, no final das contas, a satisfação dos desejos lhes trará infelicidade e sofrimento. E, então, sofrem neste mundo e após a morte terão que arrostar as agonias e sofrimentos ao adentrar em outro mundo.[131]

A festividade dos Tabernáculos havia chegado ao fim e o outono já prenunciava mudanças cobrindo os passeios e as praças com suas folhas secas e soltas, que balouçavam ao sabor do vento suave como nuvem de bailarinas.

Jesus permanecera em Jerusalém depois das festividades ensinando todos os dias no átrio do templo. Muitos eram os seus negadores. Controlavam-no de todos os cantos, mas não ousavam afrontá-lo. Jesus, atendendo ao bom senso, ao anoitecer usualmente retirava-se para o monte das Oliveiras ou buscava a casa

---

131 KYOKAI, Bukkyo Dendo. *A doutrina de Buda*. São Paulo: Ediouro, 1966, pp. 161-169, cap. IV, "As Más Paixões".

dos amigos de Betânia. Depois de um breve repouso, estava ele de volta ao "átrio do povo, acessível a todos os israelitas, homens e mulheres"[132] para pregar os sublimes ditames de seu Evangelho.

Numa dessas manhãs, Jesus lá se encontrava, frente à multidão que o ouvia atentamente. Subitamente um grupo de homens rompeu em meio ao povo. Estavam com as faces esfogueadas de ira e denotavam completo descontrole. Quando Jesus conseguiu observar mais detidamente o que estava acontecendo, deparou-se com uma cena que lhe ensombrou o espírito ilibado. Os homens arrastavam uma jovem noiva que diziam ter sido pega em adultério.[133]

Queriam confrontar Jesus, e aquela era uma oportunidade perfeita. Um dos fariseus gritou, já segurando uma pedra:

– A lei de Moisés preceitua o apedrejamento público para essa mulher que violou a palavra empenhada! Não haverá perdão!

A turba ensandecida questionou Jesus: "O que dizes?" Os fariseus possuíam olhos de águia numa caça predatória. Queriam expor perversamente as vísceras de suas caças, ou seja, os pecados de seus semelhantes, enquanto ocultavam os seus próprios.

O momento de afrontar o Nazareno era aquele. Não faltavam testemunhas, a noiva fora infiel, a lei tinha que ser cumprida! O que Jesus diria? Negaria Moisés? Outro fariseu, fingindo bonomia, protestou com lábios adocicados e palavras de fel:

– Mestre, tudo o que queremos é cumprir a lei para que essa vergonha não passe impune. Essa noiva foi surpreendida em adultério e foram muitos os que testemunharam. O que, pois, tu dizes, Jesus Nazareno?

Naquele momento um silêncio descomunal caiu sobre a multidão e os olhares se voltaram para o Mestre impassível, enquanto a mulher, de cabeça baixa, apenas chorava...

---

[132] RODHEN, Huberto. *Jesus Nazareno*. Vol. II. São Paulo: Martin Claret, 1997, p. 17, "A Adúltera".

[133] Jo 8,1-11.

Onde estava o seu cúmplice? – Ninguém queria saber!...

Como fora seduzida? – Isso também não lhes importava!...

Quem fora o maior culpado? – Não se ocupavam em sabê-lo!...

O cúmplice do ato, mais esperto, fugira depressa da ira popular e todos se calaram quanto ao seu delito. Entretanto, a mulher, a fragilidade feminina caída em engodo, fora exposta cruelmente em praça pública.

Os fariseus queriam a morte da infame pecadora, como muitos na atualidade continuam apontando os dedos em riste para acusar os erros de toda espécie, esquecendo-se de que as ações dos semelhantes, que tanto reprovam, refletem o retrato mental e moral, mais fiel, dos próprios acusadores! Os mesmos velhos túmulos caiados por fora e apodrecidos por dentro! Repete, ainda, Jesus em nosso tempo: "Ai de vós, escribas e fariseus, hipócritas! Pois que sois semelhantes aos sepulcros caiados, que por fora realmente parecem formosos, mas interiormente estão cheios de ossos de mortos e de toda a imundícia".[134]

Algo muito importante a ser meditado: os "ossos mortos" ou os valores arcaicos, inconfessáveis, persistem bem escondidos no comportamento humano, sob o 'formoso' véu do verniz social! Quem confessará as próprias torpezas? Não o fazemos nem à própria consciência! As "imundícies", conforme a referência de Jesus, severamente avaliadas e julgadas nos semelhantes, ainda refletem a ótica e os valores do observador!

Instigante imaginar os pensamentos e sentimentos vivenciados por esta noiva nos instantes de profunda agonia. Prestes a ser imolada a pedradas, além da imensa vergonha de ter o seu ato exposto em público. Se o mal praticado tisnara sua consciência e já fazia parte do seu mundo interior, em face à deslealdade cometida, os agressores centuplicavam-lhe o mal e a dor pelo grande alarde em praça pública.

---

[134] Mt 23,27.

Existem tenebrosos pensamentos secretos em infinitas mentes nas lutas por disciplina espiritual que, se desvelados, fariam envergonhar qualquer um. Que tribulação, que enorme padecimento o da noiva de Jerusalém pela exposição de sua fragilidade por uma turba, certamente muito mais leviana do que aquela que julgavam.

Hoje em dia seria um absurdo o sofrer a aplicação de uma pena sem o devido direito de se defender. Qual não foi o desespero daquela mulher vendo-se previamente condenada à morte sem a mínima possibilidade de se justificar. Todo sofrimento é penoso. Quando enfrentado solitariamente, chega-se às raias da loucura. Ela fora desprezada e responsabilizada por uma atitude que não cometera sozinha, sem um cúmplice que lhe compartilhasse o infortúnio.

Teria ela família que sentisse a sua ausência e chorasse a sua derrocada? A misericórdia divina é tão surpreendente que jamais nos deixa desamparados, e cada minuto é importante nas vidas de todos nós. Na beira de um abismo, numa queda iminente e de consequências imprevisíveis, o Altíssimo se manifesta materializando o amor em novas oportunidades, de modo a propiciar ressarcimento e aperfeiçoamento de virtudes latentes.

Quando defrontarmos no mundo situações desafiadoras, de afrontas injustas ao nosso caráter e formos impedidos de nos justificar prontamente como essa noiva, compreendamos que ainda necessitamos do aprendizado da humildade e da paciência, pois todos nos inserimos no processo reeducativo de almas nos caminhos das reencarnações. "No mundo tereis tribulações, mas tende bom ânimo, eu venci o mundo".[135] Todos nós estamos capacitados a suplantar os limites do próprio ser, deixando que nasçam a esperança e a fé indispensáveis para o cumprimento dos precípuos deveres na Terra.

Inscreveu esta mulher, de forma indelével nos arcanos de sua alma, o encontro ímpar com Jesus. Por quantos séculos não

[135] Jo 16-33.

ressoam em sua alma as doces vibrações do olhar magnânimo do Cristo de Deus?

Jesus permanecia em plácido silêncio. Ato contínuo, começou a escrever na areia. Depois, levantou a cabeça e fitou cada um dos acusadores, falando:

– Aquele dentre vós que não tiver pecado atire a primeira pedra! – Um raio mortífero não liquidaria mais rápido o ânimo dos fariseus do que aquelas palavras.

Enfim, Jesus aquiescia à aplicação da lei mosaica, porém, com uma simples condição: se mãos impolutas fizessem tais leis se cumprirem... E que corações incorruptos ali existiam? E que mãos limpas lá estavam? E que almas nobres ali se estendiam capazes de condenar? – Nenhuma! Simplesmente nenhuma!

Os zeladores da lei, boquiabertos e chocados, entreolharam-se, esperando quem atiraria a primeira pedra. Ao fitarem, no entanto, os olhos de Jesus, fora como se duas setas de fogo lhes atravessassem as consciências, devassando-lhes os hediondos pecados. Nessa hora os sepulcros caiados se abriram e ficaram expostos "os ossos mortos", as "imundícies". Como refutar tamanha verdade devassada pelos olhos do Cristo Jesus?

Diante da inércia e do silêncio da turba, Jesus voltou a traçar na areia símbolos e a escrever inúmeros defeitos e viciações que cada um percebia serem os seus, escondidos cautelosamente... Que enigmático o poder do Nazareno! Todos estavam paralisados. Até que, sorrateiramente, os homens foram saindo do átrio, um após outro, e não ficou nenhum. Permaneceram no meio do pátio somente Ele e a mulher.

Defronte dela somente *aquele que a poderia condenar. Somente ele*, a personificação da suprema pureza, da suprema justiça, mas, igualmente da suprema misericórdia e do supremo amor.

Assim a culminante misericórdia abaixa-se à humana fraqueza e pergunta:

– Mulher, onde estão aqueles que te acusavam? Ninguém te condenou?

– Ninguém, meu Senhor! – respondeu, levantando pela primeira vez os olhos molhados e a face lacerada pela vergonha.

As pedras estavam espalhadas pelo chão, não foram lançadas contra a noiva condenada pela aspereza dos corações. Nenhuma delas foi atirada, representando – cada pedra – uma alma em urgente necessidade de autorredenção! Cada pedra deitada ao chão, e eram muitas espalhadas ao redor, estava dando notícias das almas que ainda seguiam se escondendo das próprias consciências.

Com profunda doçura, Jesus fitou-a e disse:

– Nem eu te condenarei. Vai-te e não tornes a pecar.

Ao influxo do Cristo, e por Ele abraçada em vibrações de amor e misericórdia, como poderia a noiva de Jerusalém ser a mesma? Nunca mais o foi, disto temos certeza! Rediviva, certamente foi uma das estrelas do cristianismo nascente tangida pela superior claridade do Cristo para seguir pelos tempos sem fim, arrimada ao Evangelho que restaura vidas.

"Jerusalém, Jerusalém, que matas os profetas, e apedrejas os que te são enviados! Quantas vezes quis eu ajuntar os teus filhos, como a galinha ajunta os seus pintos debaixo das asas, e tu não quiseste!"[136]

Jesus prossegue a clamar para a Jerusalém atual, para a Jerusalém do século 21, expressa no próprio mundo, com o mesmo ardor, com o mesmo amor. Contudo, nós, os fariseus dos tempos modernos, estamos muito ocupados em julgar, avaliar, condenar tudo aquilo que o nosso particular sentido crítico alcança. Por conseguinte, prosseguimos órfãos, em penúria espiritual extrema, embora doutos e fartos de conhecimentos, ostentando púlpitos hierárquicos nas linhas terrenas da fé religiosa. Prosseguimos caindo e nos levantando, em intermináveis repetições

---

[136] Jesus, Mt 23,37.

de erros pelas reencarnações consecutivas. Entretanto, vazios dos lídimos valores do espírito.

O espiritismo, por maior que seja sua feição libertadora, através de seus clarificantes princípios e dos vastos conhecimentos que lhe conferem brilhantismo intelectual, jamais reconhecerá primazia às almas indolentes. Somente os corações renunciantes, cujos atributos morais foram conquistados nos grandes esforços e sacrifícios com base no Evangelho, são identificados como nobres.

Incontáveis vezes abriram-se as portas do além-túmulo trazendo-nos notícias neste particular:

> Enquanto no corpo, não formulamos a ideia exata do que seja a realidade, além da morte. Ainda mesmo quando o Espiritismo nos ajuda a pensar seriamente no assunto, debalde tentaremos calcular relativamente ao futuro, depois do sepulcro.
>
> Os quadros sublimes ou terríveis no plano externo correspondem, de alguma sorte, à nossa expectativa; contudo, os fenômenos morais, dentro de nós, são sempre fortes e inesperados.
>
> Chegou, no entanto, o momento em que a morte nos reconduz à intimidade do lar interior. E, se não houve de nossa parte a preocupação de construir, aí dentro, um santuário para as determinações divinas, quantos dias gastamos na limpeza, no reajustamento e na iluminação?
>
> Espiritismo não é somente a graça recebida, é também a necessidade de os espiritualizarmos para as esferas superiores.
>
> Falo-lhes hoje com experiência mais dilatada. Depois de muitos anos, nas lides da Doutrina, estou recompondo a aprendizagem, a fim de não ser o companheiro inadequado ou o servo inútil. Guardem a certeza de que o Evangelho de Nosso Senhor Jesus-Cristo não é apenas um conjunto brilhante de ensinamentos sublimes para ser comentado em nossas doutrinações – é Código da Sabedoria Celestial, cujos dispositivos não podemos confundir.[137]

[137] XAVIER, Francisco Cândido (médium); JACOB, Irmão. *Voltei*. Rio de

Detemo-nos algumas vezes a divagar onde estariam os elementos que compunham a massa enlouquecida no julgamento e na crucificação de Jesus. A mofa, a zombaria e o escárnio estavam em todos os lábios, dando vazas aos corações avinagrados e às almas ignorantes. Os punhos cerrados elevavam-se ao ar exigindo a morte daquele que sequer conheciam, fazendo-nos recordar que as carnificinas nos circos não passavam de esportes a contagiar a plebe sedenta de emoções fortes. O momento da imolação do Cristo certamente lhes proporcionava as mesmas emoções.

Ousamos julgar que aqueles mesmos elementos, passados dois mil anos de experiências retificadoras, nos terrenos da educação para o espírito, retornam na atualidade nas leiras do Cristianismo Redivivo. Como é natural no processo da evolução espiritual, dada a relatividade do tempo-espaço, certamente muitos deles incidem em semelhantes deslizes de julgamento, e o fazem com diferentes nomes e pretextos. Dizem desaprovar ou condenar pessoas em prol da 'pureza doutrinária' ou como 'proteção às instituições contra as infiltrações perturbadoras'. Recordamo-nos de uma premissa do célebre literato pernambucano, Ariano Suassuna:[138] "Pior do que o escuro em que nos debatemos é a mania de querer ser dono da luz".

Não se crucificam mais pessoas nos madeiros, mas supliciam médiuns, oradores, escritores, irmãos em mesma caminhada evolutiva, às exposições dispensáveis e descaridosas, em diversas partes e meios. Algumas almas inadvertidas, pretensiosamente arrogando autoridade em nome da espiritualidade maior, continuam com punhos cerrados para o alto.

Emerge a necessidade de resgatar, nesses instantes, as próprias palavras do Codificador: "Se, pois, uma seita se forma ao seu lado, fundada ou não sobre os princípios do espiritismo,

---

Janeiro: FEB, 1949, cap. "A Luta Continua", p. 10.

[138] Ariano Vilar Suassuna Paraíba, 16 de junho de 1927 Recife, 23 de julho de 2014.

ocorrerá de duas coisas uma: ou essa seita estará na verdade ou ela não o estará; se não estiver, cairá por si mesma sob o ascendente da razão e do senso comum, como já tantas outras caíram há séculos; se as suas ideias forem justas, não fosse senão sobre um ponto, a doutrina, que procura o bem e a verdade por toda parte onde se encontrem, as assimilará, de sorte que, em lugar de ser absorvida, é ela que absorve".[139]

Imperioso reconhecer a direção espiritual, de Ismael sobre os eventos que se desenrolam no meio operacional do espiritismo. Outros benfeitores, como Bezerra de Menezes, Pedro de Alcântara e Francisco de Assis, dentre muitos, guiam seguramente o rebanho que se faz humilde, consciente e submisso às orientações do Cristo Jesus.

Que ecoem novamente, na atualidade, para os que possuem "ouvidos de ouvir" as memoráveis palavras de Jesus à noiva de Jerusalém: "Não julgueis, pois, para não serdes julgados: porque, com o juízo que julgardes os outros, serei julgados; e com a medida com que medirdes vos medirão também a vós".[140]

> Manhã, clara manhã de sol rompendo as brumas,
> como um barco vermelho a singrar entre espumas...
> Campo de Luta. O sol é um gladiador selvagem
> e tinge com seu sangue a sombra da paisagem...
>
> ... Jesus, depois de orar a noite inteira, envolto
> em manto singelo, o cabelo revolto,
> a barba em desalinho, as sandálias manchadas
> pelo vermelho pó das longas caminhadas,
> ensinava no templo apresentando ao povo
> a larga nitidez de um horizonte novo...
> A estrada do porvir, imensa, inatingida,

---

[139] KARDEC, Allan. *Obras Póstumas*. 34ª ed. Rio de Janeiro: FEB, 2004, p. 347.
[140] Mt 7,1-2.

a nova Canaã, a Terra Prometida,
que Moisés procurou no meio do deserto,
parecia tão longe e estava ali tão perto!
Ele era a porta aberta, o ensinamento, o exemplo...
Nisto um bando sinistro avança pelo Templo,
escribas, fariseus, num cínico mister:
– Prendamos a Jesus, matemos a mulher! ...

Em meio ao burburinho uma jovem bonita,
pálida, maltratada, atirada e maldita
pela lei de Moisés, esperava a sentença,
"o prêmio do pecado", a negra recompensa
de um ilícito amor. Envergonhada e muda,
aguardava o suplício, a pedra pontiaguda
que em seu corpo moreno, em ferida medonha
selaria a desgraça, o martírio, a vergonha...
Depois, a treva imensa e um corpo ensanguentado
expostos para exemplo: "o prêmio do pecado".
Fora presa em seu leito imundo e deletério
no instante em que a paixão se fizera adultério.

No intenso vozerio, uma voz se levanta:
– Jesus de Nazaré, que dizes desta santa?!
Merece a maldição que nossa lei ensina,
ou merece o perdão que é da tua doutrina?...

Jesus indiferente, alheio à multidão,
abaixa-se a escrever com o dedo no chão.
Depois, ergue-se altivo, os olhos vivos, a alma
profundamente clara, imensamente calma,
e destrói a pergunta em um único brado:
– Lance a primeira pedra o que não tem pecado!
Abaixa-se de novo o Pai dos Evangelhos

e o povo se dispersa, a partir dos mais velhos.
Só Jesus e a mulher. O perdão e o pecado,
a negra escuridão e o dia iluminado...
A humilde pecadora aguarda comovida
o fim que lhe daria o que lhe dera a vida...
– Ninguém te condenou? – pergunta o Nazareno.
– Ninguém, Senhor, ninguém.
– Pois nem eu te condeno.

E, erguendo meigamente os olhos paternais,
falou: – Podes partir. Mulher, não peques mais!!![141]

---

[141] Poema de Rafael Gióia Junior. Nasceu em Campinas, SP, em 9 de agosto de 1931. Jornalista, poeta tendo escrito vinte livros de poesia, foi também radialista. Gióia Júnior faleceu em 3 de março de 1996 aos sessenta e quatro anos de idade.

7 - A Viúva de Jerusalém

E, estando Jesus assentado defronte da arca do tesouro, observava a maneira como a multidão lançava o dinheiro na arca do tesouro; e muitos ricos deitavam muito. Vindo, porém, uma pobre viúva, deitou duas pequenas moedas, que valiam meio centavo. E, chamando os seus discípulos, disse-lhes: Em verdade vos digo que esta pobre viúva deitou mais do que todos os que deitaram na arca do tesouro; Porque todos ali deitaram do que lhes sobejava, mas esta, da sua pobreza, deitou tudo o que tinha, todo o seu sustento.[142]

Quando o homem, através do autoconhecimento e da autorrealização, se despoja totalmente do impuro desejo de gozar os frutos do seu trabalho; quando já não é mal para não cair no inferno e nem é bom para entrar no céu; quando ele compreende que é embaixador de Deus e do Cristo para continuar a creação do mundo e a redenção da humanidade no espírito desinteressado dos seus divinos Mandantes – então, pela primeira vez, se sente ele plenamente liberto de todas as inibições heterônomas, e adquiri perfeita autonomia sobre a sua vida terrestre e seu destino eterno.[143]

Huberto Rohden

[142] Mc 12,41-44.

[143] RODHEN, Huberto. *Roteiro cósmico*. São Paulo: Martin Claret, 1999, p. 32.

Narram-nos os evangelistas Marcos e Lucas que, em Jerusalém, na praça das mulheres, em frente ao átrio do tesouro do templo, havia treze gazofilácios em formato de trombeta, destinados às ofertas legais e espontâneas dos fiéis. Cada gazofilácio com uma finalidade específica. Os diferentes donativos eram, antes, apresentados ao sacerdote, que, em função do montante a ser doado, advertia em qual deles deveriam os óbolos ser depositados. Jesus se pôs a observar e notou criaturas abastadas assentando consideráveis ofertas. Notou também uma viúva pobre dando apenas dois *leptos*,[144] ou seja, muito pouco dinheiro. Então disse o Mestre aos seus discípulos:

> Com toda verdade eu afirmo a vocês: esta pobre viúva depositou mais do que todos, porque os outros deram parte daquilo que lhes sobrava; mas ela, que está vivendo em penúria, podia ter reservado para si ao menos uma das moedas; no entanto, deu as duas: tudo o que possuía para a sua subsistência![145]

Antes da apreciação da passagem, solicitamos vênia para uma breve divagação acerca do estado de viuvez feminina, não somente ao tempo de Jesus, época em que viviam precariamente e isoladas.

As mulheres hebreias, através do matrimônio, se separavam economicamente de suas famílias de origem e, uma vez viúvas, os vínculos com a família do falecido marido eram completamente cortados, inclusive de abrigo e sustento. Igualmente os pais não tinham mais compromisso em mantê-las.

Infelizmente, tal situação prossegue nos dias atuais, como, por exemplo, em alguns países da Ásia Meridional, onde ainda acontece exatamente o mesmo, mais de dois mil anos transcorridos.

---

[144] A menor moeda grega de bronze, correspondia a um quadrante ou quarta parte de um as e o as era a 16ª parte de um denário.

[145] Lc 21,1-4 e Mc 12,41-44.

Testemunhamos, *in loco*, a triste situação das viúvas indianas e paquistanesas numa recente permanência na Índia, oportunidade em que conhecemos muitas delas, de várias idades, inclusive viúvas meninas,[146] que – prometidas a determinados meninos e não se realizando o matrimônio, pela morte dos mesmos – padeciam a mais incompreensível segregação do convívio social; aos pouquíssimos cinco, seis, oito, doze anos de idade. Colhemos delas as suas amargas experiências. Estudamos e meditamos profundamente sobre a dolorosa inserção, ou segregação, dessas mulheres no conceito social de seus países. A viuvez as relega à margem da vida, principalmente as mais desprovidas economicamente, pois as segundas núpcias são inaceitáveis aos olhos da sociedade e ante os conceitos do hinduísmo. Por essa razão, existem as Casas das Viúvas, onde as mulheres das mais diferentes idades coabitam e se amparam econômica e moralmente.

> A viúva deve sofrer até a morte, preservada e casta. Esposa virtuosa que permanece pura após a morte de seu marido vai para o paraíso. Uma mulher infiel a seu marido irá renascer no útero de um chacal.[147]
>
> Uma mulher está sob a guarda de seu pai durante a infância, sob a guarda do seu marido durante a juventude, sob a guarda de seus filhos em sua velhice; ela não deve jamais conduzir-se à sua vontade.[148]

---

[146] Filme "*Water*", de Deepa Mehta. 2005. No Brasil, recebeu o título de "Nas Margens do rio Sagrado". Narrativa que se passa no ano de 1938, ao tempo de Mohandas Karanchand Gandhi.

[147] Códigos de Manu, Dos deveres do marido e da mulher. Artigos 446 e 447. Disponível em: <https://pt.wikipedia.org/wiki/Código de_Manu>. Acesso em: 12 dez. 2017.

[148] Códigos de Manu, Dos deveres do marido e da mulher. Artigo 420 a 422. Disponível em: <http://www.infojur.ufsc.br/aires/arquivos/CODIGo_%20 MANU.pdf>. Acesso em: 12 dez. 2017.

Isso posto, cresce imensamente aos nossos olhos o ato grandioso da viúva de Jerusalém, que rompeu severos preconceitos, os rígidos crivos sociais e religiosos, e até a própria necessidade econômica, de modo a cumprir os seus compromissos com o Excelso Pai.

Descrevem-nos os evangelistas que Jesus, assentado de fronte do gazofilácio, observava os transeuntes em suas atividades cotidianas. Ao fazê-lo, detectou uma nova oportunidade para ensinar. Convocou os seus discípulos, neste caso a todos nós que nos apresentamos como alunos do Mestre, e deixou vazar de seu coração magnânimo um preceito fundamental no universo: a distinção entre quantidade e qualidade, enfatizando que Deus, em sua suprema sabedoria e amor, através de leis, sobreleva a essencialidade, a qualidade, que pode ser também compreendida por simplicidade, pureza, em detrimento de quaisquer quesitos quantitativos. Mesmo porque quantidade é uma questão de ponto de referência, pois, se nos compararmos ao macrocosmo, seremos infimamente pequenos, enquanto comparados ao microcosmo nos tornamos gigantescos.

Mais uma vez encontramos o Mestre Galileu junto a uma personalidade feminina, utilizando-se de sua atitude generosa para nos oferecer um valioso ensinamento. Desta vez, uma mulher, pobre e viúva, que não esperava da vida nenhuma recompensa, pois os atrativos materiais e as ilusões já haviam se desvanecido. Ela estava naquele local de oferendas com o coração imbuído da importância de seu contributo nos trâmites de sua religião. Com amor e transcendência espiritual, exercia a prática caritativa tão sinceramente que as suas vibrações sublimes tocaram o coração magnânimo de Jesus-Cristo, fazendo com que ele fizesse de seu ato um exemplo lapidar da relação que o homem deve ter com os bens materiais e os bens espirituais.

O fato de ser uma viúva pobre – para os padrões materiais – revela a igualdade e justiça divina que todos temos com relação ao Pai Celestial. O olhar do Cristo transcende quanto às questões meramente materiais, importando de fato aquilo que o coração pode oferecer como gratidão pelo dom da vida. Vibrações harmônicas e desinteressadas, pois quem pouco tem para oferecer, em nível material, nada espera em troca, além da convicção de que para Deus basta apenas a tranquilidade de consciência.

A comparação levada a efeito por Jesus relativamente aos outros doadores, que também lá ofertavam suas moedas – no patamar em que suas consciências permitiam – de maneira nenhuma os menospreza. Contudo, Ele realça, ainda mais, as duas pequeninas moedas daquela viúva.

O respeito à situação evolutiva em que cada um se situa é fundamental como exercício para o cristão da atualidade. Reconhecer e distinguir situações diferentes entre os espíritos, caminhantes da evolução, guardando a certeza de que cada um interage com a espiritualidade segundo suas íntimas convicções e possibilidades evolutivas. Portanto, nenhuma individualidade consegue suplantar, sem o contributo dos esforços e do tempo, os limites do próprio espírito e mente, jamais conseguindo avançar além do nível de evolução em que se insere. A misericórdia divina, entretanto, permite a todos nós assimilar as experiências uns dos outros dentro do alcance e da disposição de cada um.

Cabe a lembrança que naquela época as mulheres não gozavam dos mesmos direitos que os homens, principalmente em se tratando de religião. Todos os estudos, interpretações, pregações, discussões e afazeres no culto estavam reservados aos homens. Vejamos que, enquanto Zacarias queimava a oferta de incenso no templo recebendo a visita do anjo Gabriel, que lhe revelou o nascimento de seu filho João, sua esposa Isabel encontrava-se em casa guardando – nos deveres cotidianos do lar – a fé e o companheirismo necessários para tal cometimento.

Todos doavam do que lhes sobrava. A viúva, porém, do que lhe faltava, expressando que, embora ausente e incapaz do acesso às discussões e interpretações das leis nos templos judaicos, ela já absorvera a essência espiritual da letra pelos puros canais intuitivos desenvolvidos na ardência da verdadeira fé. Muitos homens judeus, dominadores da letra, não chegavam a alcançar o que aquele sincero coração de mulher já conseguira.

Um conhecido adágio popular promulga que só podemos dar daquilo que possuímos. Nada obstante, a viúva vem nos ensinar que é mais meritório perante a espiritualidade dar do que nos faz falta do que daquilo que nos sobra. Quando, porventura, carecendo temporariamente de auxílio, amparo e de recursos outros, conseguimos, com esforço e sensibilidade, romper os limites do orgulho e da vaidade próprios, que, muitas vezes, nos detêm na busca da bondade alheia, já estaremos dando importantíssimo passo.

Quando, inversamente, procurarmos nos oferecer àqueles que também estão carentes, ainda que de forma bastante simples, mas com as veras do coração e imbuídos de realmente consolar e amar, sem esperar nada em troca, ainda que em grandes penúrias físicas, morais e espirituais, projetar-nos-emos como representação pura do pequeno óbolo que a viúva depositou no gazofilácio. Óbolo da simplicidade e da humildade, que reconhece a própria pequenez diante do universo. Dar daquilo que carecemos!

Reconhecemos as peculiares impossibilidades de sanar as dores do mundo, mas podemos e devemos contribuir de maneira significativa para abrandar as amarguras e sofrimentos daqueles que nos circundam, a começar por dentro dos nossos lares, onde se encontram reunidos todos aqueles com os quais temos ainda ajustes urgentes. Oportunidade ímpar para exercer outro preceito cristão:

> Portanto, se estiveres oferecendo tua oferta sobre o altar, e ali te lembrares que teu irmão tem algo contra ti, deixa ali tua oferta, diante do altar, vai e reconcilia-te primeiramente com teu irmão; então, vem e oferece tua oferta".[149]

[149] Jesus, Mt 5,24.

Neste caso, o gazofilácio torna-se o próprio lar – alicerce da vida e da educação para o espírito – local propício para exercermos a verdadeira caridade, em amor e perdão incondicionais.

A suprema exemplificação da fé promulgada no óbolo da viúva denota a mais firme confiança no Pai Celestial, pois ela relegou a plano secundário o sustento material que haveria de alimentar o próprio corpo para ter como objetivo o alimento supremo do amor a transbordar em bênçãos para o espírito.

André Luiz, o grande benfeitor espiritual, deixou confirmado que "o amor é o alimento das almas"[150] – e como "aquele que não ama não conhece a Deus; porque Deus é amor",[151] devemos dedicar tempo a buscá-lo, conforme relata frei Leão ao encontrar pela vez primeira Francisco de Assis:

> Irmão Francisco, eu não me casei, eu não tive filhos, por causa de minha busca por Cristo. Eu poderia segurar em uma mão um pão e na outra um punhado de azeitonas, no entanto, eu ainda estaria faminto. Sempre me esquecia de comer esfomeado em minha busca por Deus.[152]

Abdicar das ilusões materiais, em prol da realização espiritual, que nos oferece todos os tesouros "que as traças e a ferrugem não consome e que os ladrões não minam e nem roubam".[153] Fazer submergir no mar da realidade o interesse nas aquisições daquilo que teremos que devolver à terra na hora do retorno para o plano espiritual. Investir nas realizações eternas, que enriquecem o tesouro espiritual no perpassar dos tempos, eis a meta atingir! Eis o tesouro a buscar e o porto seguro da paz a ser alcançado!

[150] XAVIER, Francisco Cândido (médium). LUIZ, André (espírito). *Nosso Lar*. Rio de Janeiro: FEB, p. 115.

[151] Jo 4,8.

[152] KAZANTZAKIS, Nikos. *God's Pauper. St. Francis of Assisi*. Londres: Faber & Faber Limited, 1975, p. 9.

[153] Mt 6,20.

O óbolo da Viúva é, em síntese, o coroamento da nossa capacidade de oferecer aos céus aquilo que somos, em detrimento daquilo que temos.

Somente os olhos percucientes e divinos do Mestre Jesus conseguiram detectar aquilo que nenhum outro ser logrou ver àqueles tempos: a humildade, o sacrifício, as virtudes em uma mulher desamparada; no aspecto familiar, sociorreligioso e cultural. Nada obstante, um espírito que ultrapassou todos os impedimentos, sempre arrimada à fé em Deus, tornando-se um modelo de ensinamento, à vista do Cristo.

> A humildade é uma virtude bem esquecida, entre vós. Os grandes exemplos que vos foram dados são tão poucos seguidos. E, no entanto, sem humildade, podeis ser caridosos para o vosso próximo? Oh!, não, porque esse sentimento nivela os homens, mostra-lhes que são irmãos, que devem ajudar-se mutuamente, e os encaminha ao bem. Sem a humildade, enfeitai-vos de virtudes que não possuís, como se vestísseis um hábito para ocultar as deformidades do corpo. Lembrai-vos daquele que nos salva; lembrai-vos da sua humildade, que o fez tão grande e o elevou acima de todos os profetas.
>
> O orgulho é o terrível adversário da humildade. Se o Cristo prometeu o Reino dos Céus aos mais pobres, foi porque os grandes da Terra imaginavam que os títulos e as riquezas eram a recompensa de seus méritos, e que a sua essência era mais pura que a do pobre. Acreditavam que essas coisas lhes eram devidas, e por isso, quando Deus as retira, acusam-no de injustiça. Oh, irrisão e cegueira! Deus, acaso, estabeleceu entre vós alguma distinção pelos corpos? O invólucro do pobre não é o mesmo do rico? O Criador fez duas espécies de homens? Tudo quanto Deus fez é grande e sábio. Não lhe atribuais as ideias concebidas por vossos cérebros orgulhosos.[154]

---

[154] KARDEC, Allan. *O evangelho segundo o espiritismo*. 120ª ed. Rio de Janeiro: FEB, 2002, item "O orgulho e a humildade", Lacordaire/Constantina, 1863.

8 – Joana, esposa de Cuza

E aconteceu, depois disto, que andava de cidade em cidade, e de aldeia em aldeia, pregando e anunciando o evangelho do reino de Deus; e os doze iam com Ele, e algumas mulheres que haviam sido curadas de espíritos malignos e enfermidades: Maria, chamada Madalena, da qual saíram sete demônios; E Joana, mulher de Cuza, procurador de Herodes, e Suzana, e muitas outras que O serviam com seus bens.[155]

Doravante nada mais temerei neste mundo, e Tu conquistarás a vitória em todas as minhas lutas. Deste-me a morte por companheira, e eu vou coroá-la com a minha vida.

A Tua espada está comigo, Senhor, para cortar as minhas amarras, e nada mais temerei neste mundo.[156]

Rabindranath Tagore

---

[155] Lc 8,1-3.

[156] TAGORE, Rabindranath. *Gitanjali*. São Paulo: Paulinas, 1991, "**Cantar me enlouquece**".

Examinando as anotações do célebre historiador romano Publius Gaius Cornelius Tacitus,[157] encontramos a descrição de uma das formas mais terríveis de execução dos condenados e cristãos, ao tempo do imperador Nero,[158] e por suas ordens. Os seguidores de Jesus eram amarrados a um poste e besuntados fartamente de piche. Em seguida, ateavam fogo nesses 'postes humanos', que enfeitavam os espaços ajardinados da residência palaciana do imperador cuja demência já era notória. Relata-nos Tácito que as tochas humanas flanqueavam as vias da *Domus Aurea*[159] na elevação do monte Aventino para os passeios noturnos de Nero e que ao tempo de seu governo foram executados aproximadamente trezentos mil cristãos.

Em fins do mês de agosto do ano 68, numa dessas terríveis matanças, dentre quinhentos prisioneiros fadados ao martírio, estava uma nobre dama de Cafarnaum, ostentando avançada idade. A senhora fora detentora de muitas posses e tivera a seus serviços inúmeras criadas, que a serviram com extrema dedicação no passado. Quando jovem, desfrutara de enorme privilégio social, pois consorciada a um destacado funcionário de Herodes Ântipas. Era ele o intendente Cuza. A senhora, que àquele doloroso momento do ano 68 já trazia os cabelos encanecidos, a tez encarquilhada e o olhar cansado, fora uma das mulheres mais altamente colocadas e respeitáveis na sociedade de Cafarnaum, nas cercanias do distante mar da Galileia. Joana era o seu nome.

Quando jovem, fora atraída pelas energias superiores das palavras de Jesus, passando a ouvi-lo constantemente às margens do lago Tiberíades. Revela-nos o espírito Humberto de Campos, pela mediunidade de Francisco Cândido Xavier, que a dama denotava

[157] Publius Gaius Cornelius Tacitus ou Tácito (55 – 120), historiador, orador e político romano.

[158] Nero – Nero Claudius Caesar Augustus Germanicus; Anzio, 15 de novembro de 37 d.C. – Roma, 9 de junho de 68. Nero governou de 13 de outubro de 54 até sua morte.

[159] Casa de Ouro ou Casa Dourada.

grande nobreza de caráter, trajando-se de forma simples de modo a não atrair a atenção das pessoas pobres e modestas para si. Tudo o que ela desejava era sorver a água viva da qual o Mestre falava. A alma de Joana era um oceano de tristezas e infinitos dissabores. Possuidora de fé robusta, amargurava-se pela posição que o esposo ostentava, de favorecimentos políticos e vaidades.

O intendente de Herodes, brindado pela constante camaradagem dos representantes do império, sorvia grande prestígio social. Contudo, diferente da esposa, vacilava em sua fé. Ora devotava-se às liturgias no templo de Jerusalém, ora oferecia sacrifícios às deidades do panteão romano, em troca de favorecimentos pessoais e políticos.

Contrariamente, Joana nutria-se de verdadeira fé, sobretudo, depois de conhecer e ouvir Jesus. Certa feita, procurou-o na casa de Simão para abrir as comportas do coração amargurado pelos tantos dissabores domésticos, de modo a confessar ao Mestre as suas grandes pelejas e frustrações ao tentar falar ao marido sobre a sua nova crença. Revelara ao Mestre que malograra sempre em seu mais sagrado intento. Cuza, entretanto, em nada alterara o seu comportamento.

> Após ouvir-lhe a longa exposição, Jesus lhe ponderou: – Joana, só há um Deus, que é o Nosso Pai, e só existe uma fé para as nossas relações com o seu amor. Certas manifestações religiosas, no mundo, muitas vezes não passam de vícios populares nos hábitos exteriores. Todos os templos da Terra são de pedra; eu venho, em nome de Deus, abrir o templo da fé viva no coração dos homens. Entre o sincero discípulo do Evangelho e os erros milenários do mundo, começa a travar-se o combate sem sangue da redenção espiritual.
>
> Agradece ao Pai o haver-te julgado digna do bom trabalho, desde agora. Teu esposo não te compreende a alma sensível? Compreender-te-á um dia. É leviano e indiferente? Ama-o, mes-

> mo assim. Não te acharias ligada a ele se não houvesse para isso razão justa. Servindo-o com amorosa dedicação, estarás cumprindo a vontade de Deus. Falas-me de teus receios e de tuas dúvidas. Deves, pelo Evangelho, amá-lo ainda mais. Os sãos não precisam de médico. Além disso, não poderemos colher uvas nos abrolhos, mas podemos amanhar o solo que produziu cardos envenenados, a fim de cultivarmos nele mesmo a videira maravilhosa do amor e da vida.[160]

Deduzimos quão difícil foi para uma mulher na condição social de Joana romper com os apelos de sua posição, sobretudo, pela função política privilegiada que o esposo ostentava. Vislumbramos nela uma força e uma coragem magníficas. Depois do diálogo com o Mestre, prontamente compreendeu que jamais poderia exigir do esposo aquilo que ele ainda não poderia oferecer, no campo da abrangência espiritual, e que, por isso mesmo, deveria amá-lo ainda mais.

A esposa de Cuza não mais depositou as suas expectativas nas mãos dele, na sua aceitação e entendimento. Arregimentou esforços para avançar no campo de sua crença, fervorosamente, sem jamais se descurar de seus deveres no lar. Se Cuza era o espinheiro do qual ela jamais poderia colher os frutos da afinidade espiritual, a nutrir a sua alma, ela soube desabrochar e florir, como as estupendas flores das cactáceas, que vivem em regiões secas e muito áridas – tal como era a alma de Cuza. Entretanto, a nobre dama desabrochou magnificamente em espírito. E assim como a flor de cacto é chamada de Flor da Sabedoria, igualmente Joana foi a expressão da sabedoria divina.

Quantas vezes, na contemporaneidade, incalculável número de mães e esposas abdicam das oportunidades ínsitas nas lutas domésticas por se acharem merecedoras da felicidade, de

---

160 XAVIER, Francisco Cândido (médium); CAMPOS, Humberto de (espírito). *Boa Nova*. Rio de Janeiro: FEB, 1963, cap. 15, "Joana de Cuza".

regalias e mais cuidados. Nada obstante, abdicação esta com raízes profundas no imediatismo, no egoísmo e nos anseios ilusórios do menor esforço.

Desse modo, Joana retornou ao lar e transformou todas as suas dores num hino de triunfo silencioso em cada dia. Procurou esquecer as características inferiores do marido, enaltecendo o que ele possuía de bom. Desde o inesquecível encontro com Jesus na casa de Simão Pedro, a esposa do altivo intendente Cuza "experimentou na alma a claridade constante de uma resignação sempre pronta ao bom trabalho".[161] Tal advertência de Jesus ainda ecoa em nosso íntimo, na atualidade, através das anotações dos espíritos benfeitores, quando afirmam: "Deve resignar-se e sofrê-las [as dores] sem murmurar, se quer progredir. Sempre, porém, lhe é dado haurir consolação na própria consciência, que lhe proporciona a esperança de melhor futuro, se fizer o que é preciso para obtê-lo"[162] – esclarecimento referente às angústias dos homens quando há males e sofrimentos que independem da maneira de seus procederes, atingindo até os mais justos.

A doutrina espírita, em sua condição de O Evangelho Redivivo, nos fala que:

> A doutrina de Jesus ensina sempre a obediência e a resignação, duas virtudes companheiras da doçura, muito ativas, embora os homens as confundam erroneamente com a negação do sentimento e da vontade. A obediência é o consentimento da razão, a resignação é o consentimento do coração. Ambas são forças ativas, porque levam o fardo das provas que a revolta insensata deixa cair. O pusilânime não pode ser resignado, do mesmo modo que o

---

[161] XAVIER, Francisco Cândido (médium); CAMPOS, Humberto de (espírito). *Boa Nova*. Rio de Janeiro: FEB, 1963, p. 98

[162] Kardec, Allan, *O livros dos espíritos*. Ed. especial. Rio de Janeiro: FEB, 2006, parte IV, Das Esperanças e Consolações, cap. I - Das penas e gozos terrestres; Felicidade e Infelicidade Relativas. Questão 924.

> orgulhoso e o egoísta não podem ser obedientes. Jesus foi a encarnação dessas virtudes que a antiguidade material desprezava.[163]

Joana prontamente compreendeu, pelas vias do espírito obediente, que os esforços pela resignação trariam sua definitiva liberdade e paz de consciência, o que nos faz crer que muitos perfis femininos que estiveram com Jesus em sua vida pública estavam absolutamente preparados para serem lançados ao vento sublime da definitiva evolução como uma sura[164] maravilhosa, rumo ao grande voo do espírito.

Solicitando vênia aos leitores, gostaríamos de resgatar a "consciência de liberdade" sob o ponto de vista humano social. Inquestionavelmente, foi de grande valia a luta pelos direitos civis das mulheres. Ela possui raízes no século 18, com os empenhos da escritora inglesa Mary Wollstonecraft,[165] com sua obra *A vindication of the rights of woman* permeando a Revolução Francesa e o Iluminismo, que ofereceram decisivos contornos ao movimento de 'libertação' do gênero feminino dos ancestrais grilhões sociais e políticos. Destaca-se, neste período, a revolucionária Olímpia de Gouges,[166] que elaborou uma famosa declaração cujo conteúdo é uma proclamação da mulher como possuidora de direitos naturais idênticos aos dos homens.

---

[163] KARDEC, Allan. *O evangelho segundo o espiritismo*. 120ª ed. Rio de Janeiro: FEB, 2002, cap. IX, item 8, "Obediência e Resignação". Lázaro, Paris, 1836.

[164] Sura: pipa ou papagaio, brinquedo feito de papel de seda e varetas, com muitos adornos para ser solto ao vento, ganhando o céu, e conduzido por uma linha pelo condutor, de modo a improvisar arabescos encantadores no espaço.

[165] Escritora inglesa, filósofa e defensora dos direitos das mulheres. Londres, 27 de abril de 1759 – Londres, 10 de setembro de 1797. O seu trabalho literário mais célebre foi *A vindication of the rights of woman* (*Uma reivindicação pelos direitos da mulher*).

[166] Olympe de Gouges (Marie Gouze). Montauban, 1748 – Paris, 1793. Escritora francesa que reivindicou a igualdade de direitos entre homens e mulheres no marco da Revolução Francesa. Olympe é considerada a precursora do moderno feminismo.

Abeiramo-nos dos séculos 19 e 20, com o movimento Emancipacionista e o Contemporâneo, respectivamente, avançando a luta pela 'liberdade' (termo sempre utilizado pelas aderentes do movimento) das mulheres. Infelizmente, as europeias e as norte-americanas, com o *bra-burning*,[167] adicionam um colorido bem mais forte com os seus clamores pelo direito ao aborto, à liberdade sexual, ao casamento aberto, dentre outras reclamações.

Entretanto, todos os empenhos positivos dessas ações caem por terra se não forem aliados à 'consciência de liberdade' sob o olhar de Jesus. Obtemos com Jesus o mais expressivo significado do conceito liberdade, desde os seus imorredouros conselhos à dama de Cafarnaum:

> [...] o Pai não impõe a reforma a seus filhos: esclarece-os no momento oportuno. Joana, o apostolado do Evangelho é o de colaboração com o céu, nos grandes princípios da redenção. Sê fiel a Deus, amando o teu companheiro do mundo, como se fora teu filho.[168]

Com Jesus-Cristo, o conceito liberdade ganha a sua mais excelsa expressão: paz, serenidade espiritual ante os deveres retamente cumpridos sendo a mais extraordinária utilização do livre arbítrio, tendo em Joana de Cuza uma de suas mais valorosas expressões.

O valoroso médium Francisco Cândido Xavier, cuja existência foi um hino de amor evangélico, igualmente entendia assim:

[167] A queima de sutiãs em praça pública foi um evento isolado (que na realidade nem chegou a acontecer, de fato, mas permaneceu eternamente atrelado ao movimento feminista) feito em Atlantic City, EUA, por quatrocentas ativistas em sinal de protesto contra a banalização da mulher nos concursos de misses.

[168] XAVIER, Francisco Cândido (médium); CAMPOS, Humberto de (espírito). Idem, ibidem.

> Converso tudo isto com meus sobrinhos [desregramentos do sexo, adultério] e eles me dizem: "O senhor está fora do tempo. A época agora é outra. Isso não existe mais. Em que tempo o senhor está vivendo?"... Digo que vivo no tempo da consciência.[169]

Com o passar do tempo, um filhinho veio compor a rotina do casal, dando-lhe feição de verdadeira família. No entanto, Joana mantinha-se serena no cumprimento de seus deveres como modelo vivo de amor e caridade para com os próprios familiares. O mesmo tempo, que tudo transforma, trouxe grandes e dolorosos reveses para o altivo intendente de Herodes Ântipas, e Cuza abateu-se irremediavelmente com a perda de seu grande prestígio. Humilhado, endividado e abandonado pelos antigos pares, quedou-se em profunda amargura. Caindo gravemente doente, não demorou a partir para os planos da vida verdadeira.

O painel de lutas de Joana apenas mudaria. Arrolada em muitas dificuldades para sobreviver, a nobre dama de outros tempos foi servir nos trabalhos mais humildes em casas alheias, pois precisava manter o filhinho amado. Constante, firme e inabalável em sua fé, trazia como divino legado as palavras do Mestre amorável. No decurso dos anos, a senhora de semblante já cansado embarcou, junto com o filho, num navio demandando a Roma, a suntuosa capital do império.

Desde o ano 64 do governo de Nero a situação na capital do império estava demasiadamente aflitiva, por conta do incêndio que havia destruído cerca de quatorze quarteirões da cidade, devastando completamente três deles. Quatro anos haviam se passado desde o doloroso evento que varrera a pó dois terços da esplêndida cidade. Naquele ano 68, as perseguições e crimes,

---

[169] SILVEIRA, Adelino. *Chico, de Francisco*. São Paulo: CEU, 1987, p. 47, cap. "O tempo da consciência".

com requintes de crueldade, por parte do bárbaro imperador, pareciam não ter fim.

Num desses hediondos espetáculos de carnificina que marcaram a história do cristianismo e da humanidade, encontrava-se como prisioneira uma velha discípula de Jesus atada a um dos postes de martírio. Ao lado dela, um homem de aparência jovem igualmente fora amarrado a outro poste. No entanto, diferentemente do olhar de serenidade da anciã, o homem trazia tremendo pavor no semblante. Era o filho de Joana e do intendente Cuza, antigo servidor daquele mesmo império que agora chacinava sua família.

O povo vociferava em histeria. Os espetáculos de horror atraíam as massas ignorantes, como ainda hoje o fazem.

As flagelações começaram ante as ordens superiores, enquanto os executores, com expressões sombrias e cruéis, mecanicamente e sem qualquer traço de emoção, requisitavam das vítimas impotentes:

– Abjura de tua crença no carpinteiro infame!...

Um deles, com uma tocha acesa nas mãos, abeirou-se do poste onde jazia, amarrada, Joana, gritando:

– Abjura de tua crença no carpinteiro infame!...

Num estado de grande choque ao perceber a proximidade da morte, o jovem homem, em completo desespero suplicou:

– Minha mãe, repudia a Jesus, eu suplico!... Abjura por mim, que sou teu filho!

Naquela hora, a fiel discípula de Jesus fitava o infinito com intenso brilho no olhar, sem pronunciar qualquer palavra de negação ou de queixa. Muito embora os açoites dos verdugos impiedosos sobre o corpo do filho amado lacerassem sua própria alma, Joana permanecia confiante no Senhor.

Então, o açoite vibra sobre o rapaz seminu, que exclama, entre lágrimas:

– Repudia a Jesus, minha mãe! Não vês que nos perdemos?! Abjura!... por mim, que sou teu filho!

Pela primeira vez, dos olhos da mártir corre a fonte abundante das lágrimas. As rogativas do filho são espadas de angústia que lhe retalham o coração.

– Abjura o carpinteiro! Abjura!

A senhora registra os gritos do filho recordando a sua existência inteira. As lutas ante as incompreensões do marido, o inesquecível encontro com Jesus na casa de Simão Pedro, as alegrias no lar depois da chegada do filhinho, os momentos de ventura doméstica, malgrado os desgostos, a queda do esposo do altar das ilusões terrenas, suas angústias e, por fim, a sua morte. Depois disso, a viuvez, as grandes necessidades e lutas.

Por efeito doloroso dos apelos desesperados do filho, imediatamente recordou Maria, mãe de Jesus, que de igual forma vira o filho ser crucificado no poste ignominioso da infâmia. Acalmando o coração, conformou-se, obediente, aos desígnios divinos. Como na casa de Pedro, Jesus parecia outra vez estar à sua frente convidando-a:

– Vai, minha filha! Sê fiel!

Energias novas supriram-lhe o espírito, e num alento ultra-humano a senhora buscou com o olhar o filho ao seu lado e, num tom firme, mas profundamente sereno, exclamou:

– Cala-te agora, meu filho! Jesus-Cristo nada possuía que lhe tisnasse o espírito puro e não se esquivou ao sacrifício imenso. Saibamos sofrer, meu filho, porquanto, para além de todas as felicidades transitórias do mundo, o mais importante é ser fiel a Deus!

Os apupos da plebe delirante pareciam ficar cada vez mais distantes aos ouvidos de Joana de Cuza, enquanto os verdugos incendiavam os corpos dos infelizes em derredor besuntados de resina inflamável.

Um dos verdugos, com uma tocha de madeira em fogo, aproximou-se dos postes onde jaziam Joana e seu filho e em segundos as chamas cobriram-lhes os corpos.

A senhora ainda conseguiu contemplar o filho com infinita serenidade, enquanto continha estoicamente qualquer lamentação de dor ou aflição. Os carrascos insensíveis abeiraram-se da serva de Jesus com impropérios e sarcasmos:

– Onde está o teu Senhor? Ele apenas ensinou-te a morrer?

Arregimentando forças para a resistência, a mártir conseguiu responder:

– Jesus ensinou-me não somente a morrer, mas também a vos amar!

Súbito nada mais sentiu, apenas que a mão suave e consoladora do Cristo tocava-lhe suavemente os ombros, e ela escutou novamente a voz querida e inolvidável do Mestre Jesus:

– Joana, minha filha, tem bom ânimo!... Eu estou aqui!...

Somos convidados a infinitas reflexões ao resgatar o encontro de Jesus com Joana de Cuza! Como se faz imperativo rever os nossos ancestrais conceitos de liberdade, de relacionamento, de matrimônio, de fé, de alegria!

As conquistas da mulher em nível sociopolítico não anulam as grandes responsabilidades espirituais assumidas ante o lar e a família, ante a maternidade e a sociedade. A mulher, no corpo social da humanidade, granjeou maturidade, respeito, dignidade, lado a lado de seus cônjuges.

> São iguais perante Deus o homem e a mulher e tem os mesmos direitos?
>
> R: Não outorgou Deus a ambos a inteligência do bem e do mal e a faculdade de progredir?
>
> Assim sendo, uma legislação, para ser perfeitamente justa, deve consagrar a igualdade dos direitos do homem e da mulher?
>
> R: Dos direitos sim; das funções, não. Preciso é que cada um esteja no lugar que lhe compete...[170]

[170] Kardec, Allan, *O livros dos espíritos*. Ed. especial. Rio de Janeiro: FEB, 2006, parte III, "Das leis morais", cap. IX, da Lei de Igualdade (Igualdade

Joana estende-se, ante os tempos, como o arquétipo da obediência e da humildade, da coragem e da resignação. O conjunto das interpelações domésticas correspondem aos nossos próprios apelos e necessidades. Sucessivamente, as criaturas preferem abjurar dos sagrados compromissos do que desenvolverem, em si mesmas, as grandes qualidades recomendadas por Jesus.

O filho de Joana torna-se o arquétipo da indecisão, do descompromisso, do apego à vida imediata. Seria inconcebível que as convicções da mãe não o tivessem tangido as tessituras sutis da alma, convicções essas que ela já abraçava fervorosamente antes de seu nascimento. Como acreditar que Joana de Cuza não o teria envolvido nas blandícies da mensagem do Cristo, sendo a alma infantil completamente acessível ao toque do amor? Certamente Joana o fez! Contudo, ao chegarem os grandes testemunhos à alma – que, no caso do rapaz, prosseguia no estágio infantil – recuou desesperadamente. Os ensinamentos não atingiram a zona profunda do espírito, tal como certos conteúdos didáticos avançados não são abstraídos por crianças matriculadas em estudo fundamental.

O arquétipo do filho de Joana – indecisão, descompromisso, apego à vida imediata – continua vivo no quotidiano contemporâneo. A fé abrasando as almas, o entusiasmo, qual grande árvore sem raízes, pois ao surgirem as dores e os desafios inquietantes capitulam ante as provações, indispensáveis para o progresso do espírito.

Joana de Cuza, entretanto, permanece o sublime arquétipo da fé atuante, do comprometimento, da perfeita sintonia entre o conhecimento e a prática. Serena, inflexível na fé abraçada, mesmo em face das grandes pelejas espirituais.

---

dos Direitos do Homem e da Mulher) questões 817 e 822-a.

9 – Marta e Maria

E aconteceu que, indo eles de caminho, entrou Jesus numa aldeia; e certa mulher, por nome Marta, o recebeu em sua casa; e tinha esta uma irmã chamada Maria, a qual, assentando-se também aos pés de Jesus, ouvia a sua palavra. Marta, porém, andava distraída em muitos serviços; e, aproximando-se, disse: "Senhor, não se te dá de que minha irmã me deixe servir só? Dize-lhe que me ajude." E respondendo Jesus, disse-lhe: "Marta, Marta, estás ansiosa e afadigada com muitas coisas, mas uma só é necessária; e Maria escolheu a boa parte, a qual não lhe será tirada."[171]

Pois a alma percorre todos os caminhos.
A alma não caminha sobre uma linha,
Nem se alonga como uma vara.
A alma abre-se a si própria
Como se abre um lótus de inúmeras pétalas.

Khalil Gibran[172]

Os relatos evangélicos sobre a convivência de Jesus na casa das irmãs Marta e Maria calam fundo em nossos corações, com

[171] Lc 10,38-40.
[172] GIBRAN, Khalil. *O Profeta*, Petrópolis: Vozes, 1975, p. 51.

repercussões que nos elevam aos páramos celestiais ou aos abismos de nossas próprias consciências, em função da vida que escolhemos.

Conta-nos o evangelista Lucas que Lázaro era irmão de Marta e Maria, além de amigo íntimo de Jesus. Este, quando estagiava nas cercanias de Betânia, sempre aproveitava a oportunidade para uma visita fraterna. Tornava-se um refrigério para Jesus – sempre acompanhado de uma multidão de peregrinos a exigirem dele energias positivas a recondicionarem suas vidas – estacionar na estância verdejante circundada de pomares, oliveiras, figueiras, belos jardins no caminho de Jerusalém para Jericó. Aliás, uma das possíveis traduções do nome Betânia, cujo significado vem do grego *Béthania*, possivelmente a partir do hebraico *bét nîyyah*, é 'Vila dos Figos Verdes'.

Betânia era um lugar muito aprazível. Além do ambiente com ares renovados pelo frescor da natureza, recebendo a todos os peregrinos que nela chegavam, igualmente oferecia ao Mestre um aconchego todo especial na família dos três irmãos, como se da família Jesus também fosse; atmosfera familiar muito propícia para a manutenção de energias saudáveis e conversações valiosas, num íntimo contato com Deus junto às almas queridas.

"Indo eles pelo caminho, entrou Jesus numa aldeia". Quando estamos nos caminhos do bem com decisão firme de vencer a nós próprios sempre teremos como destino final uma aldeia como Betânia, lugar bucólico a representar o porto seguro da paz daqueles que cumpriram seus deveres. Sempre haveremos de alcançá-la, posto que sua representação é a da vitória sobre as limitações que trazemos no íntimo. Para isto, entretanto, torna-se necessário estar andando pelos caminhos da vida ladeando o Nazareno. Em *O livro dos espíritos*,[173] encontramos a referência de Jesus como modelo e guia da humanidade. Contudo, a esco-

---

[173] Kardec, Allan, *O livros dos espíritos*. Ed. especial. Rio de Janeiro: FEB, 2006, Livro III, cap. I, "Lei divina ou natural", p. 625.

lha de sua companhia depende de nossa predisposição íntima. Um guia sempre está lado a lado com seu orientando. Um modelo é o molde a ser seguido.

Outra virtude imprescindível para o caminhante é a perseverança, assegurada na assertiva do Mestre Galileu: "Aquele que perseverar até ao fim será salvo".[174] Aos que renunciarem à sua companhia, como ovelhas ainda perdidas, um dia também chegarão a alcançar esta estância de paz. Ele próprio asseverou "que nenhuma de minhas ovelhas se perderá",[175] e Deus oferece a todos os seus filhos o livre-arbítrio em decidir o tempo e a hora em que farão a grande jornada rumo à perfeição. Ninguém, entretanto, detém o poder de lhes atravancar a marcha do progresso. "Pobres seres, que Deus castigará! Serão levados de roldão pela torrente que procuram deter".[176]

Jesus foi recebido na casa da família por Marta – cujo nome significa 'soberana da casa' – enquanto, sua irmã Maria – cujo nome expressa 'senhora soberana', indicando serenidade, força vital e vontade de viver –, assentando-se aos pés de Jesus, ouvia a sua palavra.

Duas personalidades bem diferentes no seu vivenciar se destacam nesta situação. Marta como pessoa diligente, ativa e com vigor operacional fez as 'honras da casa' disponibilizando o seu lar para receber Jesus e seus companheiros. O ato de preparar-se convenientemente para alojar os conhecimentos do Mestre a fim de otimizá-los em nossas vidas é fundamental. Por isto, a postura afável e receptiva de Marta nos orienta o *modus operandi* ideal para receber Jesus em nossos corações. Se não estivermos com a terra devidamente arada, talvez as sementes lançadas pelo coração bondoso do Mestre não germinarão cem ou mil por cada

[174] Mc 13,13.

[175] Jo 18,9.

[176] Kardec, Allan, *O livros dos espíritos*. Ed. especial. Rio de Janeiro: FEB, 2006, Livro III, cap. VIII. Marcha do Progresso. q. 781.

uma. Esta preparação não dispensa um trabalho persistente e profundo na aragem, na retirada de entulhos e empecilhos capazes de obstaculizar os seus ensinamentos e principalmente seu amor. Assim, Marta torna-se a referência de proatividade necessária no ambiente indispensável para o acolhimento das sementes sagradas depositadas por Jesus em nossos corações e mentes. Oferecimento este imprescindível ao cristão da atualidade, que tem o fito de ser fiel a seus postulados, conquistando a paz de espírito.

Maria, por outro lado, entrega-se completamente a Jesus, assentando-se aos seus pés, simbolizando a humildade e o reconhecimento de um discípulo à frente de seu mestre. Completude e identidade necessárias para o aproveitamento da lição no seu mais alto grau. Aquele que não se entrega totalmente, guardando certo receio e desconfiança da capacidade do seu mestre, não estará devidamente sintonizado para receber a linfa bendita do ensinamento. Recebendo com o recipiente contaminado pela desconfiança, não usufruirá a intensidade e profundidade capazes de se reformar interiormente.

Maria, desta maneira, representa o anseio crístico que dormita ainda em toda consciência, aguardando a disposição e a boa vontade para o despertamento iluminativo, que irá guiá-la rumo à perfeição.

A capacidade de ouvir Jesus com toda amplitude possível é outro ponto a destacar-se sobre a atitude receptiva de Maria. Nem sempre nos ocupamos em ouvir devidamente o que a natureza ou os bons espíritos estão a nos dizer, ou seja, ouvir sem deturpar ou desvirtuar o ensinamento que muitas vezes vêm de encontro aos nossos interesses ainda infelizes e mesquinhos, quiçá egoístas.

Aceitar a verdade é uma atitude importante na identificação entre o discípulo e o mestre. Ouvir, mas, sobretudo, entender. Entender e praticar, eis a meta. Quando nos encontramos em perfeita sintonia para receber, praticamos a fé em sua essencialidade.

O professor, escritor e teólogo Huberto Rhoden esclarece-nos a respeito da fé:

> Desde os primeiros séculos do cristianismo, quando o texto grego do Evangelho foi traduzido para o latim, principiou a funesta identificação de crer com ter fé. A palavra grega para fé é '*pistis*' (fé), cujo verbo é '*pisteuein*' (ter fé). Infelizmente, o substantivo latino '*fides* (*fé*), o correspondente a '*pistis*', não tem verbo e, assim, os tradutores latinos se viram obrigados a recorrer a um verbo de outro radical para exprimir o grego '*pisteuein*', 'ter fé'. O verbo latino que substituiu o grego '*pisteuein*' é '*credere*' (ter fé – adaptado), que em português deu crer. Nenhuma das cinco línguas neolatinas – português, espanhol, italiano, francês, romeno – possui verbo derivado do substantivo fides; fé; todas essas línguas são obrigadas a recorrer a um verbo derivado de credere. Ora, a palavra '*pistis*' ou '*fides*' significa originariamente 'harmonia', 'sintonia', 'consonância'. Ter fé é estabelecer ou ter sintonia, harmonia entre o espírito humano e o espírito divino.[177]

Assim, fé é, pois, uma atitude de fidelidade, harmonia, sintonia.

"Marta andava distraída em muitos serviços", situação aparentemente natural quando nos absorvemos nos trabalhos cotidianos que nos impelem à resolução de problemas atinentes à vida material. Atenção se faz importante quando não incidirmos na distração inconsciente da essencialidade da vida para o espírito encarnado, neste caso, a presença de Jesus em nosso lar. Visita especialíssima, oportunidade única de aprendizado e libertação definitiva dos grilhões inferiores das personalidades ancestrais.

Neste ponto, o cansaço dos erros, o receio de não "dar conta do recado", a necessidade de realinhar-se e buscar o alimento

[177] ROHDEN, Huberto. *Sabedoria das Parábolas*. São Paulo: Martin Claret, 1997.

que engrandece a alma faz-nos olhar para o lado e nos incomodarmos com os semelhantes que estão em diferente situação íntima, sintonizados em padrões diferenciados do nosso. São nossos exemplos imediatos.

Somos visitados, nesses momentos, por um sentimento de compreensão a denotar sinal de atenção com relação à própria postura radicada nas viciações do comportamento. Naquele cujo "olhar esteja cheio de adultério",[178] impertinência e prepotência, por isso mesmo desvirtuados da verdade, sobreleva-se a arrogância de considerar o semelhante alienado das vias dos labores práticos na vida, aos quais estamos afeiçoados.

A porta é estreita. Cada individualidade passa sozinha, e todo caminho de crescimento é percorrido solitariamente, sem possibilidade de compartilhamento de experiências, em nível profundo, pois atinentes a cada um. A desatenção de Marta é especificada pelo evangelista como distração em muitos serviços, apontando a importância de fazer uma coisa de cada vez, para serem bem feitas todas as coisas. Afadigando-se com diversos objetivos, estamos muitas vezes querendo abarcar tarefas que competem aos semelhantes, ou melhor, achando que os outros não possuem a devida capacidade de realizá-las como o fazemos. Orgulho e vaidade. Incapacidade de permitir que o outro adquira experiência em sua própria caminhada, ainda que com parcelas de erro, pois os erros irão se transformar em aprendizado a sedimentarem-se espiritualmente como impulso para a evolução.

Aproximando-se de Jesus, Marta solicita: "Senhor, não se te dá de que minha irmã me deixe servir só? Dize-lhe que me ajude". Decisão importante de Marta, pois reconhece em Jesus a capacidade de resolver um problema no qual ela se vê envolvida. No estudo minucioso da proposição, reconhecemos a necessidade de buscar o Mestre através da oração, um pedido direto e sincero de ajuda é o reconhecimento de que ninguém está to-

[178] 2Pd 2,14.

talmente preparado para realizar todas as tarefas. Reconhecer e assumir que o trabalho evolutivo deve ser compartilhado é muito importante. O espírito de Henri Heine, em *O evangelho segundo o espiritismo*, esclarece: "O homem deve herdar do homem, e porque seus trabalhos e seus resultados são coletivos: Deus abençoa a solidariedade".[179] Precisamos do auxílio mútuo a fim de compartilharmos na grande obra de regeneração da humanidade. O resultado agregado das virtudes de vários espíritos, encarnados e desencarnados, retrata a impessoalidade e o reconhecimento de que a obra pertence a Jesus e somos apenas simples colaboradores, mais necessitados de ajuda do que capacitados para discernir e propor direcionamento nas tarefas abençoadas do bem.

Buscar a ajuda em Jesus é relembrar o seu convite: "Vinde a mim todos vós que estais aflitos e sobrecarregados e eu vos aliviarei".[180] Percebendo sempre que ele tem a capacidade e o poder de aliviar, e não resolver o que compete a cada um. A espiritualidade jamais deixou de oferecer recursos capazes de nos aliviar as dores. Muitas vezes não entendemos ou não aceitamos o alívio, ansiando, mesmo, por uma fórmula mágica que venha desanuviar e dissolver as dificuldades.

As portas da espiritualidade superior sempre estiveram abertas para aqueles que decidiram perseverar no caminho augusto da fraternidade universal, esquecendo-se em prol do próximo. Para tais, a segurança no porvir oferece a sabedoria capaz de enxergar o bem, em qualquer situação, mesmo nas mais difíceis. No dizer de um poeta: "enxergar um diamante num carvão".

A resposta de Jesus é assertiva, mas, acima de tudo, amorosa, a repercutir no fundo de todas as consciências: "Marta, Marta, estás ansiosa e afadigada com muitas coisas, mas uma só

---

[179] KARDEC, Allan. *O evangelho segundo o espiritismo*. 120ª ed. Rio de Janeiro: FEB, 2002, cap. XX, "Os trabalhadores da última hora. Instruções dos espíritos: Os últimos serão os primeiros". Henri Heine, Paris, 1863.

[180] Mt 11,28.

é necessária; e Maria escolheu a boa parte, a qual não lhe será tirada". Notemos que Jesus não disse que Marta estava equivocada em suas escolhas ou na maneira de trabalhar os seus dons, mas esclarece que num instante na existência torna-se imperativo a realização interna, em detrimento de qualquer movimento externo. Edificar o reino de Deus dentro de nós, nas palavras do próprio Mestre: "Igualmente não se acende uma candeia para colocá-la debaixo de um cesto. Ao contrário, coloca-se no velador e, assim, ilumina a todos os que estão na casa".[181]

Realizada a sedimentação dos padrões evangélicos na intimidade, automaticamente eles se expressarão externamente, ante aqueles que nos rodeiam, através das boas obras, dos bons pensamentos e das boas palavras. Não que se busque o ato positivo nas questões visíveis a outrem, mas tornam-se os atos externos consequência do reino dos céus devidamente instalado dentro de cada um. A alma daquele que, abrandado pelas blandícias do Evangelho, possui um viver natural em constante busca da felicidade alheia é um fazer o bem sem olhar a quem retratando o pensamento do insigne amigo espiritual padre Germano: "É tão bom ser bom!"

As expressões "ansiosa" e "afadigada com muitas coisas" reforçam o ensinamento anterior de se viver somente o presente, a vida imediata, em pensamentos, palavras e atos, pois, pensar aqui, falar acolá e agir mais além é não estar uno com a vida.

A conquista das riquezas celestes pressupõe esforço concentrado. A física nos ensina que a energia centralizada em um ponto específico torna-se mais intensa e eficaz do que se estivesse dispersa em uma superfície mais ampla. Para alcançarmos nossos objetivos, torna-se necessário despertar as virtudes latentes no íntimo e, junto à boa vontade, identificar o ponto a ser atingido, corrigido e transformado, conforme nos diz Paulo de Tarso: "Prossigo para o alvo, pelo prêmio da soberana vocação de Deus

[181] Mt 5,15.

em Cristo Jesus".[182] Em uma palavra, nossa reencarnação tem um objetivo principal a ser atingido e vários outros que o permeiam. Identificá-lo eis o primeiro passo; reunir forças para superá-lo, eis o segundo; e, nesse esforço, os demais vão se adequando automaticamente no campo das pugnas na escola da Terra.

Desejar combater em todos os flancos, ao mesmo tempo, é tornar-se como Marta: "ansiosa e afadigada com muitas coisas" não aproveitando a advertência do Mestre: "mas uma só é necessária". Oração e silêncio íntimo para ouvir a vida e perceber o alvo a ser atingido, eis a lição a ser apreendida.

Maria escolheu a boa parte; não que a parte de Marta fosse ruim, menos importante ou mesmo desnecessária, insistimos neste ponto. Mas a parte que Maria escolheu é melhor neste contexto e esta jamais lhe será tirada. Todas as aquisições da alma são riquezas intocáveis aos furtos terrenos. Conquistas eternas de uma paz imorredoura.

Importante a advertência de Jesus: "Maria escolheu a melhor parte". Ninguém a constrangeu sentar-se aos pés do Mestre; foi uma decisão exclusivamente de seu livre-arbítrio. Outrora com certeza já esteve atarefada e preocupada com muitas coisas, à feição de Marta. Mas é chegada a oportunidade ímpar, no seu específico contexto evolutivo, diante do Mestre e cocriador da Terra com Deus. Tudo o que lhe rodeava no âmbito material permaneceu em segundo plano, na ânsia da alma em beber da fonte de água pura, na esperança de nunca mais voltar a ter sede.

Nosso anseio é este: despertar Maria dormitando em cada um de nós a fim de assimilarmos o roteiro sagrado do bem verdadeiro, fazendo-nos enxergar em cada problema um ingrediente importante e vitalizador em nossas existências. Clamamos pelo arquétipo de Maria em nossa alma, assim como o clamor de João, o Batista, aviva-se no deserto árido de nossos corações e acende a chama eterna do amor incondicional.

[182] Fl 3,14

A melhor parte há de ser sempre aquela que nos vincula ao que é imorredouro, ao desejo de trabalhar incansavelmente para fazer a felicidade alheia, como nos ensina Adolfo, bispo de Argel: "Pudésseis, meus amigos, ter por única ocupação tornar felizes os outros!"[183]

Poderíamos, por outro lado, questionar os valores daqueles que estão na operacionalidade da vida, como Marta. Enquanto Maria estava de certa forma prostrada aos pés de Jesus, assimilando os seus ensinamentos. Para tanto e em busca de mais entendimento, recorremos a *O livro dos espíritos*: "o espírito também trabalha, assim como o corpo. Toda ocupação útil é trabalho".[184] Maria também trabalhava na medida em que se aprimorava espiritualmente, tornando-se mais capaz de ajudar ao próximo, enquanto mais se integralizava com o Mestre, buscando ser um com ele, assim como ele era um com o Pai. Além de aproveitar o que ouvira na casa de Simão, o leproso, quando ungira a cabeça de Jesus com perfume de nardo puro e os discípulos questionaram a razão do desperdício, ouvindo de Jesus: "Porquanto sempre tendes convosco os pobres, mas a mim não me haveis de ter sempre".[185] Maria é a representação fiel de quem teve uma oportunidade dos voos espirituais e não a deixou escapar.

As aquisições espirituais se incorporam na individualidade, transbordando em jorros de paz e harmonia aos circunstantes. Ensina-nos Emmanuel: "O trabalho-ação transforma o ambiente. O trabalho-serviço transforma o homem".[186] Trabalhemos

---

[183] KARDEC, Allan. *O evangelho segundo o espiritismo*. 120ª ed. Rio de Janeiro: FEB, 2002, cap. VIII, item 11. Adolfo, Bispo de Argel.

[184] Kardec, Allan, *O livros dos espíritos*. Ed. especial. Rio de Janeiro: FEB, 2006, parte III, capítulo 3, Lei do Trabalho ("Necessidade do Trabalho"), questão 675.

[185] Mt 26,11.

[186] XAVIER, Francisco Cândido (médium); Emmanuel (espírito). *Pensamento e vida*, 14ª ed. Brasília: FEB, 2005, cap. 7.

incansavelmente no aprimoramento íntimo e os frutos deste esforço brindarão nossas almas, desbravando o verdadeiro sentido da vida!

Ofereçamos agora uma interpretação mística do fato.

No livro *No mundo maior*, capítulo 3, intitulado "A Casa Mental", o grande benfeitor Calderaro apresenta a André Luiz um campo novo de aprendizado relacionado ao cérebro, tanto material como semimaterial – perispírito – dividindo-o pedagogicamente em três grandes áreas, a saber:

> Não podemos dizer que possuímos três cérebros simultaneamente. Temos apenas um que, porém, se divide em três regiões distintas. Tomemo-lo como se fora um castelo de três andares: no primeiro situamos a residência de nossos impulsos automáticos, simbolizando o sumário vivo dos serviços realizados; no segundo localizamos o domicílio das conquistas atuais, onde se erguem e se consolidam as qualidades nobres que estamos edificando; no terceiro, temos a casa das noções superiores, indicando as eminências que nos cumpre atingir. Num deles moram o hábito e o automatismo; no outro residem o esforço e a vontade; e no último demoram o ideal e a meta superior a ser alcançada. Distribuímos, deste modo, nos três andares, o subconsciente, o consciente e o superconsciente. Como vemos, possuímos, em nós mesmos, o passado, o presente e o futuro.

Adentremos agora no Evangelho em seu teor multifinalitário e encontraremos na pequena e bucólica aldeia de Betânia a representação de nossa casa mental, devidamente habitada por familiares a indicarem estágios evolutivos e consciênciais da mente. Perfeita exemplificação dos três níveis descritos acima por Calderaro:

Maria, a encarnação das noções superiores em busca constante da espiritualidade superior, da meta a ser atingida.

Marta a figura ativa que consolida as qualidades nobres que estamos edificando atualmente, labor digno de sustentação operacional dos fazeres materiais.

E, na complementação desta família, Lázaro, na sustentação das atividades reflexas atingidas através dos milênios.

A primeira, o superconsciente; a segunda, o consciente; e Lázaro, o subconsciente.

Lázaro foi ressuscitado por Jesus. Ele jazia em uma câmara debaixo de uma pedra posta sobre ele. A pedra, como elemento inorgânico, possui como característica a rigidez e serve de base para uma construção sólida. Nas palavras de Jesus: "Pois também eu te digo que tu és Pedro, e sobre esta pedra edificarei a minha igreja".[187] As experiências adquiridas neste estágio elementar, inicial, representam sempre o indispensável para os movimentos conscienciais nas escalas posteriores. Aproveitar da melhor maneira possível o ensejo oferecido na passagem por esta etapa assegurará uma plataforma firme para que o Evangelho do Cristo seja edificado nos padrões das virtudes necessárias ao bem geral. Assim vivendo, estaremos em consonância ao ensinamento do Mestre: "Todo aquele, pois, que escuta estas minhas palavras, e as pratica, será comparado ao homem prudente, que edificou a sua casa sobre a rocha".[188]

No hábito e no automatismo estão sedimentados os reflexos das atitudes naturais de nosso dia a dia. Nos processos reeducativos, que a vida, contudo, oferece, adquirem-se novos hábitos, que são refletidos retratando as ações do verdadeiro cristão, do homem de bem.

Marta ocupada nos seus afazeres domésticos é a representação de nosso consciente. Ambiente no qual retratamos as conquistas atuais de nossa consciência, plataforma que nos permite operar até onde nossa capacidade assimilativa possibilita, ope-

[187] Mt 16,18.

[188] Mt 7,24.

rosidade digna a sustentar o processo dinâmico que traçamos para a existência física. Temo-la também como o nosso Ego, este companheiro temporário durante a aquisição da personalidade e identificação da individualidade, mas que se despersonifica em prol do Eu Maior – a centelha crística –, na medida em que avançamos rumo à perfeição.

Suas atribuições estabelecem o ambiente propício para os exercícios de voos da consciência. Estabelece as estacas firmes dos conceitos evangélicos no imo da alma; o momento ideal para o pleno despertar das forças intrínsecas a reverberar na vida externa através das posturas de justiça, amor e caridade; o ensejo de aproximar-se do irmão de jornada terrena e acertar junto dele as arestas atinentes a cada um; compreender e aceitar as circunstâncias educativas da existência; e amar irrestritamente cada ser, cada pessoa, cada expressão de vida.

A boa vontade supera a modorra do personalismo destruidor, rompendo as cascas do egoísmo e do orgulho. A perseverança torna-se natural norma de conduta. Enfim, a expressão do trabalho útil, nos dois lados da existência, patenteia-se como manifestação do amor feito visível.

No superconsciente, a figura ímpar de Maria aos pés de Jesus retrata a total confiança no Mestre, a entrega sem restrições, a linfa bendita e pura do amor do Cristo transbordando em afeto e compaixão, estado que todos haveremos de conquistar após os labores imediatos de Marta e a estrutura lapidar de Lázaro. Maria representa a posição de alma rediviva que, purificada e redimida, há de receber em sua intimidade o sol esplêndido do amor divino, finalmente colimado após os grandes esforços da caminhada rumo à eternidade.

10 - Maria de Magdala

Depois disso Jesus ia passando pelas cidades e povoados proclamando as boas novas do Reino de Deus. Os doze estavam com ele, e também algumas mulheres que haviam sido curadas de espíritos malignos e doenças: Maria, chamada Madalena, de quem haviam saído sete demônios.[189]

E estavam ali Maria Madalena e a outra Maria, assentadas defronte do sepulcro.[190]

E, no primeiro dia da semana, Maria Madalena foi ao sepulcro de madrugada, sendo ainda escuro, e viu a pedra tirada do sepulcro.[191]

Maria estava chorando fora, junto ao sepulcro. Estando ela, pois, chorando, abaixou-se para o sepulcro. E viu dois anjos vestidos de branco, assentados onde jazera o corpo de Jesus, um à cabeceira e outro aos pés. E disseram-lhe eles: "Mulher, por que choras?" Ela lhes disse: "Porque levaram o meu Senhor, e não

[189] Lc 8,1-2.
[190] Mt 27,61.
[191] Jo 20,1.

sei onde o puseram." E, tendo dito isto, voltou-se para trás, e viu Jesus em pé, mas não sabia que era Jesus. Disse-lhe Jesus: "Mulher, por que choras? Quem buscas?" Ela, cuidando que era o hortelão, disse-lhe: "Senhor, se tu o levaste, dize-me onde o puseste, e eu o levarei." Disse-lhe Jesus: "Maria!" Ela, voltando-se, disse-lhe: "Rabboni", que quer dizer: Mestre. Disse-lhe Jesus: "Não me detenhas, porque ainda não subi para meu Pai, mas vai para meus irmãos e dize-lhes que eu subo para meu Pai e vosso Pai, meu Deus e vosso Deus." Maria Madalena foi e anunciou aos discípulos que vira o Senhor, e que ele lhe dissera isto.[192]

Os teus olhos (Maria de Magdala) são como as fontes de Hesebon, junto à porta de Bat-Rabim... Os teus cabelos são como um rebanho de cabras descendo das vertentes pelas montanhas de Galaad.[193]

José Saramago

Muito se historiou sobre uma das mais célebres discípulas de Jesus – Maria de Magdalene, que nasceu na vila Al--Magdal Nunaya, na Palestina, localizada na costa ocidental do mar da Galileia, a 4,8 quilômetros ao norte do Tiberíades e ao sul de Khan.

Escritores, profetas, historiadores e cineastas têm oferecido um colorido especial a essa figura; mítico algumas vezes, místico em outras.

Maria de Magdala, a mais mencionada nos Evangelhos.

A única a ver Jesus ressuscitado: "Quando Jesus ressuscitou, na madrugada do primeiro dia da semana, apareceu primeiramente a Maria Madalena, de quem havia expulsado sete demônios". (Mc 16,9)

Aquela que auxiliava Jesus com seus bens e sua renda... (Lc 8,3)

---

[192] Jo 20,11-18.

[193] SARAMAGO, José. *O evangelho segundo Jesus-Cristo. Lisboa: Caminho, 1991.*

Foi ela uma das célebres Marias ligadas ao Mestre: Maria, mãe de Jesus, Maria mulher de Clopas (Jo 19,25), Maria irmã de Marta (Jo 11,1).

A discípula, que suscitou ciúmes e desinteligências entre os discípulos, até provocou em Pedro um certo espírito de competição.[194]

Contudo, dentre todas as mulheres, destacou-se Maria de Magdala, para a eternidade dos tempos, como aquela da qual foram expulsos sete demônios (Lc 8,2).

> Mas eles estavam profundamente tristes. E falavam: "Como vamos pregar aos gentios o Evangelho ao Reino do Filho do Homem? Se eles não o procuraram, vão poupar a nós?" Maria Madalena se levantou, cumprimentou a todos e disse a seus irmãos: "Não vos lamentais nem sofrais, nem hesiteis, pois sua graça estará inteiramente convosco e vos protegerá. Antes, louvemos sua grandeza, pois ele nos preparou e nos fez homens". Após Maria ter dito isso, eles entregaram seus corações a Deus e começaram a conversar sobre as palavras do Salvador.
>
> Pedro disse a Maria: "Irmã, sabemos que o Salvador te amava mais do que qualquer outra mulher. Conta-nos as palavras do Salvador, as de que te lembras, aquelas que só tu sabes e nós nem ouvimos".[195]

A escritora portuguesa Helena Barbas, em seu celebrado livro *Madalena – história e mito*, aborda estas construções do ideário humano sobre Maria de Magdala, bem como a resgata dos evangelhos apócrifos e canônicos, aos quais denomina "o romance de Jesus-Cristo". A própria escritora não demonstra

---

[194] *Evangelho de Maria Magdalena*. Disponível em: http://libroesoterico.com/biblioteca/Apocrifos/. Acesso em: 05 de out. 2016.

[195] *Evangelho de Maria Magdalena*. Disponível em: http://libroesoterico.com/biblioteca/Apocrifos/. Acesso em: 05 de out. 2016, cap. 9 (versículo 5:20), cap. 10 (1,5).

na obra as suas particulares convicções, tratando o Evangelho com cerimoniosa frieza, mas traz interessantes anotações para a nossa aprendizagem e crescimento.

> A figura de Maria de Madalena preenchia todas as necessidades psicológicas típicas de um mito, que talvez estivesse a encontrar seu momento de efetivação. E assim parece estar a acontecer.
>
> Mas os mitos também nascem, crescem e morrem. E porque o nosso tempo é de velocidades, o auge da recuperação presente de Madalena pode também corresponder ao princípio de seu fim, pela tentativa de atribuir uma consistência física e real a uma entidade que só funciona fora delas. O mito, feito a partir da história, desembaraça-se dela, sobrevive e alimenta da capacidade de significação infinita dos símbolos profundos a recorre para se manifestar. Quando se procura explicá-lo, ou circunscrevê-lo a eventos concretos, está-se a cortar-lhe as asas a reduzi-lo, a forçá-lo a regressar à tal história da qual se liberou.
>
> Quando se tenta reencaixar a figura de Maria Madalena no contexto de onde terá saído – atribui-lhe um corpo, um bilhete de identidade, uma relação familiar concreta, uma descendência – está a matar-se o mito e empobrecer a figura. Ficamos, pois, todos nós mais pobres.
>
> [...] não [objetivo] explicar quem foi de fato Maria Madalena há dois mil anos, mas tentar perceber e mostrar como, durante dois mil anos, o nome de uma figura que nem sequer se sabe se existiu foi, sucessivamente, atraindo a si acontecimentos e narrativas que levaram à criação, primeiro de uma lenda, depois de uma biografia imaginária.[196]

---

[196] BARBAS, Helena. *Madalena, história e mito*. Portugal: Ésquilo Edições & Multimídia, 2008. Disponível em: <http://www.helenabarbas.net/books/2008_Madalena_Historia_e_Mito_H_Barbas.pdf>. Acesso em: 13 fev. 2014, "Introdução".

Quando Helena Barbas faz tal anotação, está a promulgar a vultosa e imorredoura presença de Maria de Magdala, no seu tempo, junto a Jesus, e o quanto ela permanece "sucessivamente, atraindo a si acontecimentos e narrativas". Contudo, a leitura e a significação atribuídas aos Evangelhos, aos ensinos de Jesus e ao testemunho de seus discípulos está em consonância com a maturidade espiritual de quem os busca.

De fato, quando tentamos amarrar Jesus ou os testemunhos vivos legados por aqueles que com Ele conviveram à historicidade somente, estamos a amarrar o sol com laços de fantasia e pobreza, fruto das paixões e do imediatismo material meramente humanos.

Sabemos que muitas mulheres foram participantes espontâneas do messianato do Cristo; "também algumas mulheres que haviam sido curadas de espíritos malignos e de enfermidades: Maria, chamada de Magdala, da qual saíram sete espíritos, e Joana, mulher de Cuza, procurador de Herodes, Suzana e muitas outras que o serviram".[197]

Maria de Magdala esteve presente à crucificação e ao sepultamento de Jesus-Cristo, ao lado de Maria de Nazaré, Salomé e outras mulheres. Foi um dos mais tocantes e memoráveis encontros do Mestre com uma mulher. Inclusive pelo fato cuja fidedignidade está sempre em discussão, da reputação da bela dama. Maria é citada nos Evangelhos mais do que qualquer outra mulher; uma dúzia de vezes.

Tão grande proeminência aquela mulher conquistou entre os seguidores de Jesus que, no sábado, após a crucificação, ela partiu com outras mulheres rumo a Jerusalém para comprar perfumes, com a finalidade de preparar o corpo do Mestre, como era o costume da época. Permaneceram na cidade durante todo o sábado, mas, na madrugada seguinte, ainda bem cedinho.

[197] Lc 8,2-3.

> Quando ainda estava escuro, Maria foi ao sepulcro e eis que houvera um grande terremoto, porque um anjo do Senhor, descendo do céu, chegou removendo a pedra e sentou-se sobre ela. E seu aspecto era como o de um relâmpago e a sua veste branca como a neve. E os guardas com medo dele ficaram muito assombrados e como mortos. Mas o anjo respondendo disse as mulheres: "Não tenhais medo, pois sei que buscais a Jesus, que foi crucificado. Ele não está aqui, porque já ressuscitou como tinha dito. Vinde e vede o lugar em que o Senhor jazia."[198]

Temos conhecimento da cura de Maria de Magdala, por Jesus, através do Evangelho de Lucas, que a libertou de sete espíritos. Mas há carência de mais fundamentos evangélicos para considerá-la uma prostituta arrependida de seus abusos no campo da sexualidade e dos luxos. Sabe-se, historicamente, que a vila de Al-Magdal Nunaya, situada a três quilômetros de Cafarnaum, possuía vários prostíbulos segundo o historiador Flávius Josefus. Lá viviam cerca de quarenta mil pessoas. Josefus anotou que ancorava no porto da vila uma frota de duzentos e trinta embarcações pesqueiras, inclusive para a exportação dos pescados. Talvez por essa constante circulação marítima justificam-se os muitos lupanares, qual acontecia em outras localidades portuárias e de má fama, como Corinto, por exemplo. Como não se possui notícias exatas de que Maria de Magdala tenha sido cortesã, provavelmente a tenham associado à péssima reputação de sua vila.

Nada obstante, colhemos no livro *Boa Nova*, pelo espírito Humberto de Campos, através da irretocável mediunidade de Francisco Cândido Xavier, mais amplas informações quanto a esta personalidade feminina tão intrigante e, ao mesmo tempo, tão fascinante.

---

[198] Mt 28,1-6.

> Maria de Magdala ouvira as pregações do Evangelho do Reino, não longe da vila principesca onde vivia entregue a prazeres, em companhia de patrícios romanos, e tomara-se de admiração profunda pelo Messias.
>
> Que novo amor era aquele apregoado aos pescadores singelos por lábios tão divinos? Até ali, caminhara ela sobre as rosas rubras do desejo, embriagando-se com o vinho de condenáveis alegrias. No entanto, seu coração estava sequioso e em desalento. Jovem e formosa, emancipara-se dos preconceitos férreos de sua raça; sua beleza lhe escravizara aos caprichos de mulher os mais ardentes admiradores; mas seu espírito tinha fome de amor.
>
> O Profeta nazareno havia plantado em sua alma novos pensamentos. Depois que lhe ouvira a palavra, observou que as facilidades da vida lhe traziam agora um tédio mortal ao espírito sensível. As músicas voluptuosas não encontravam eco em seu íntimo, os enfeites romanos de sua habitação se tornaram áridos e tristes. Maria chorou longamente, embora não compreendesse ainda o que pleiteava o profeta desconhecido. Entretanto, seu convite amoroso parecia ressoar-lhe nas fibras mais sensíveis de mulher. Jesus chamava os homens para uma vida nova.[199]

Desse modo, se não possuímos suficientes dados nas fontes evangélicas quanto ao fato de que Maria de Magdala tenha pedido perdão a Jesus, bem como qualquer menção de que tenha sido prostituta, conforme já mencionado, tal acontecimento é associado por muitos estudiosos a um relato de Lucas,[200] muito embora não seja declinado pelo evangelista o nome da mulher em questão.

---

[199] XAVIER, Francisco Cândido (médium); CAMPOS, Humberto de (espírito). *Boa Nova*. Rio de Janeiro: FEB, 1963, cap. 20.

[200] Lc 7,36-50.

Entretanto, é interessante resgatar que os escritos apócrifos da própria Maria Madalena, de Tiago, Filipe e *Pistis Sophia*[201] consideram Maria Madalena como o espírito da Sabedoria, descrita como a personificação do conhecimento; a amada de Jesus; a discípula e apóstola de Jesus; a apóstola dos apóstolos. Madalena aparece firme nos momentos mais cruciais da vida de Jesus.

> Uma mulher que não deu à luz seus filhos pode se converter na mãe dos anjos. Tal era Maria Madalena, a companheira do Filho. O Senhor a amava mais que a todos os discípulos e a beijava frequentemente em sua boca. O resto dos discípulos, vendo-lhe amando a Maria, lhe disseram: "Por que a amas mais que a todos nós?" Contestando-lhes, Ele disse: "Por que não lhes amo a vocês como a ela?"[202]
>
> Este fragmento descreve, entre outras coisas, o caráter das relações entre Jesus e sua amada (quer dizer, a melhor das discípulas) Maria Madalena. Estas relações estavam saturadas de uma afetividade verdadeiramente terna e carinhosa. Através disto Jesus dava a seus discípulos um exemplo das relações ótimas que deve haver entre as pessoas próximas pelo trabalho espiritual comum, já que um grupo de discípulos dignos, unidos pelas emoções de amor-ternura, trabalha de maneira muito mais

---

[201] "*Pistis Sophia* é um importante texto gnóstico. As cinco cópias remanescentes, que os estudiosos datam do período entre 250 a 300 d.C., relatam os ensinamentos gnósticos de um Jesus transfigurado aos apóstolos (incluindo Maria de Magdala, Maria, mãe de Jesus e Marta), quando o Cristo ressuscitado havia passado supostamente onze anos falando com seus discípulos. Nele, as estruturas complexas e as hierarquias celestes familiares nos ensinamentos gnósticos são revelados". Disponível em: < https://pt.m.wikipedia.org/wiki/Pistis_Sophia>. Acesso em: 25 jan. 2017.

[202] *O Evangelho de Felipe* (apócrifo), com comentários do redator da versão russa, dr. Vladimir Antonov. Disponível em: <http://www.swami-center.org/pt/text/evangelho-de-felipe.pdf>. Acesso em: 25 jan. 2017.

> eficaz. Assim também poder ser as relações entre um mestre e os discípulos.[203]
>
> Quando um cego e um que vê estão juntos na escuridão, eles não diferem entre si. Não obstante, quando a luz chega, quem vê verá a luz; enquanto, o cego permanecerá na escuridão. Com a vinda de um Mestre de Deus, somente aqueles que são capazes de ver a Luz Divina se despertam para a vida espiritual; enquanto que o resto fica na escuridão de sua ignorância.[204]
>
> Com a vinda de um Mestre de Deus, somente aqueles que são capazes de ver a Luz Divina se despertam para a vida espiritual; enquanto que o resto fica na escuridão de sua ignorância.[205]

Possuímos valiosíssimas informações da espiritualidade através do respeitável médium Francisco Cândido Xavier que nos abrem um painel totalmente novo e espetacular sobre a suposta cortesã da vila Magdala.

Relata-nos o espírito Humberto de Campos que ao procurar Jesus, às ocultas, na casa de Simão Pedro, Maria ouviu dele a exortação confortadora:

– Vai, Maria!... Sacrifica-te e ama sempre. Longo é o caminho, difícil a jornada, estreita a porta; mas a fé remove os obstáculos... Nada temas: é preciso crer somente![206] Vês aquelas ruínas e como as flores germinam e os botões arrebentam em perfumes, mesmo assim? É possível florir sobre as ruínas!

Madalena (gentílico de quem nasceu em Magdala), como também é chamada, além de ter sido a principal testemunha da ressurreição, foi mensageira da notícia da ascensão do Cristo

[203] Comentário do redator da versão russa dr. Vladimir Antonov.

[204] *O Evangelho de Felipe* (apócrifo), com comentários do redator da versão russa, dr. Vladimir Antonov. Disponível em: <http://www.swami-center.org/pt/text/evangelho-de-felipe.pdf>. Acesso em: 25 jan. 2018.

[205] Comentário do redator da versão russa dr. Vladimir Antonov.

[206] XAVIER, Francisco Cândido (médium); CAMPOS, Humberto de (espírito). *Boa Nova*. Rio de Janeiro: FEB, 1963.

para os apóstolos e os amigos mais próximos. Inegavelmente foi uma aguerrida discípula – num período de tantas opressões sobre o gênero feminino, opressões e incompreensões advindas dos próprios discípulos do Mestre, que rejeitaram a sua companhia depois da morte de Jesus. Entretanto, Maria de Magdala compreendeu a missão espiritual de Jesus-Cristo; melhor até do que muitos do colegiado apostólico.

Retornando à época da vida pública de Jesus e do memorável encontro; a vila transbordava de comerciantes forasteiros buscando aquelas paragens para os seus negócios, comerciantes de escravos e de tecidos, de quinquilharias. A vila era passagem para os peregrinos vindos das festas de Jerusalém, ademais a aldeia pitoresca mesclava casinhas pobres com alguns palacetes cercados de suntuosos jardins, com linda vista para o lago.

Nas ruas calçadas, trafegam os mercadores, os soldados armados de escudos e lanças, publicanos e gente do povo. Pelas mãos circulam dracmas, sestércios, denários e papiros cambiais aos sons do hebraico e do aramaico, do grego e do latim.[207]

Narra-nos o espírito Amélia Rodrigues que Maria era uma mulher de grandes olhos nostálgicos e de longos cabelos caídos sobre as espáduas, como onda escura de ouro. Seu palacete era constantemente visitado pelos príncipes das sinagogas, ricos negociantes, opulentos senhores de terras e de escravos, funcionários de alta categoria da administração herodiana, que lhe depositavam aos pés moedas de ouro, joias, dracmas de prata, perfumes raros, presentes exóticos.[208] Ela conhecia as vilezas e os segredos dos mais importantes homens e políticos de sua época, que nunca ousavam fitá-la em praça pública.

---

[207] FRANCO, Divaldo Pereira (médium); Amélia Rodrigues (espírito). *Primícias do Reino*. Rio de Janeiro: Livraria e Editora Sabedoria, 1967, cap. "A rediviva de Magdala".

[208] FRANCO, Divaldo Pereira (médium); Amélia Rodrigues (espírito). *Idem, ibidem*.

Pelos relatos dos espíritos, sabemos que a dama de vida opulenta, no entanto, não era feliz a nos revelar que ela já transpunha vibracionalmente para níveis mais elevados de sentimento. A sua ânsia equivocada de amor e felicidade com certeza foi mensageira de grandes desgastes e um inevitável vazio na alma.

Dessa forma, cada espírito pode também despertar para os valores elevados sem que a espiritualidade se imiscua nas decisões que devem ser, estritamente, do livre arbítrio de cada um. O despertar é um sublime instante na ascensão espiritual, podendo advir de várias circunstâncias.

As energias superiores do Cristo quebraram a redoma frágil da ilusão em Madalena e, de forma irresistível, a atraíram e auxiliaram rumo ao grande despertar do espírito.

Quando a bela dama tem notícias das pregações de Jesus, sua alma se enche de sublime expectativa e ela busca ouvi-lo por qualquer meio. Avança destemida em sua direção, cortando os logradouros da vila e vai ao seu encontro.

Posteriormente, torna a buscá-lo na residência humilde de Simão Pedro, atravessando o lago protegida por uma capa e pelo manto da noite. Naquele momento certamente ela já estava sintonizada com as energias superiores do Mestre, pelas quais ansiava. As únicas que poderiam, doravante, mitigar sua fome de um amor diferente.

Coragem, muita determinação, é preciso para se tomar decisão tão dramática, mormente no sentido de cambiar facilidades, luxo, ilusões, prazeres por verdade dinamicamente espiritual e amor transformador! Quanta coragem daquela mulher há dois mil anos, haja vista que milhares ainda na atualidade buscam inversamente esse caminho; perseguem obstinadamente as facilidades na vida material, a ostentação nas posições e posses, os prazeres dos sentidos primitivos.

Maria busca tudo; outro mundo, outra vida, aposta todos os seus recursos, pois o que buscava, ela já o pressentira, valia muito mais do que qualquer valor nos planos da vida grosseira.

Experimentava uma súbita e inefável expectativa florescer em seu íntimo, quais botões de rosas no auge da primavera. Sabia que o Mestre fazia-se acompanhar de gente simples, doentes, pecadores e excluídos. Assegurava-se de que ele viera para oferecer vida em plenitude e para encontrar o que estava perdido.

Quando Maria aporta à residência, secretos cochichos criticam tal presença no ambiente. Afinal, o que aquela mulher de vida condenável fazia no ambiente eleito? Certamente muitos se perguntavam. Simão Pedro a recebe com reservas, bem como os demais, mas Jesus é todo doçura e compaixão. Utilizando-nos, mais uma vez, da expressão junguiana, Jesus naquele momento deixava transbordar os seus superiores atributos de polaridade *anima*. Ele era a mãe, a irmã. Com suas sublimes virtudes de espírito integral, compreende-a como nenhum outro homem soube fazê-lo à época.

O Mestre, sentindo as restrições de muitos corações presentes, não olvidou o ensino, exaltando o gesto da mulher que se prostrava amorosamente aos seus pés e banhava-os com as lágrimas da mais pura dedicação, enxugando-os com os próprios cabelos para, depois, os ungir com um raro perfume que impregnou todo o ambiente. Os lábios do Rabi suavemente pronunciaram aquilo que ficaria registrado pela posteridade sem fim: "Por isso te digo que os seus muitos pecados lhe são perdoados (Maria Madalena), porque muito amou; mas aquele a quem pouco é perdoado, pouco ama. Mulher, a tua fé te salvou; vai-te em paz".[209]

> O amor é de essência divina e todos vós, do primeiro ao último, tendes, no fundo do coração, a centelha desse fogo sagrado..... Não acrediteis na esterilidade e no endurecimento do coração humano; ao amor verdadeiro, ele, a seu mau grado, cede. É um ímã a que não lhe é possível resistir. O contato desse

[209] Lc 7,47-48.

> amor vivifica e fecunda os gérmens que dele existem, em estado latente, nos vossos corações. A Terra, orbe de provação e de exílio, será então purificada por esse fogo sagrado e verá praticados na sua superfície a caridade, a humildade, a paciência, o devotamento, a abnegação, a resignação e o sacrifício, virtudes todas filhas do amor. Não vos canseis, pois, de escutar as palavras de João, o Evangelista. Como sabeis, quando a enfermidade e a velhice o obrigaram a suspender o curso de suas prédicas, limitava-se a repetir estas suavíssimas palavras: "Meus filhinhos, amai-vos uns aos outros". Amados irmãos, aproveitai dessas lições; é difícil o praticá-las, porém, a alma colhe delas imenso bem. Crede-me, fazei o sublime esforço que vos peço: "Amai-vos" e vereis a Terra em breve transformada num Paraíso onde as almas dos justos virão repousar.[210]

No dia seguinte do inesquecível encontro, toda a vila de Magdala já sabia da conversão da cortesã, pois ela distribuíra tudo quanto possuía aos pobres e partira para uma nova existência coroada pelas advertências de Jesus. Contudo, uma existência que alcançaria a sua glória na resistência e humildade, ante a desconfiança e o desprezo de seus conviventes. Manteve sua fidelidade aos novos propósitos criando sua própria senda de labores sob o constante látego da suspeita e da maldade.

Como espíritas e, sobretudo, cristãos, fazemo-nos algumas perguntas nesta hora de lembranças do encontro de Jesus com Maria de Magdala e dos seus árduos testemunhos posteriores: teríamos mudado a nossa peculiar maneira de julgar os nossos semelhantes, principalmente os mais próximos? Achamo-nos eleitos por trazermos a crença da imortalidade da alma junto ao peito? A fraternidade legítima nos abrasa as almas a ponto de acolhermos como irmãos todos aqueles que se achegam aos nossos

---

[210] KARDEC, Allan. *O evangelho segundo o espiritismo*. 120ª ed. Rio de Janeiro: FEB, 2002, cap. XI, "A Lei de Amor", item 9. Fénelon (Bordéus, 1861).

círculos, independentemente de suas ações no passado? Muitas dúvidas permeiam ainda nossa mente. O certo é que temos visto inúmeros se achegarem aos novos círculos do cristianismo redivivo sob muitos olhares de suspeita e, subitamente, os mesmos olhares são obrigados a testemunhar atos de genuína fé cristã, de transformações tão espetaculares que suplantam, em muito, as medíocres ações dos olhares dos próprios julgadores...

Importante ressalvar que o espírito não retrograda.[211] Cai, no entanto, vibracionalmente, mesmo quando possuidor de significativas conquistas morais. Ao retomar à sua peculiar senda evolutiva, ele o faz com mais rapidez dados os valores já alcançados. Portanto, jamais saberemos se estamos convivendo em nosso meio de esforços na atualidade com muitos espíritos encarnados que se assemelham, nas grandes retomadas na senda evolutiva, com Paulo de Tarso e Maria de Magdala. O julgamento e a observação dura, que segrega o semelhante, em nenhuma instância será uma atitude do espírito transformado em Cristo.

Podemos, também, observar diversas almas, das quais suspeitávamos da legitimidade dos esforços e dos valores íntimos, caminhando em silêncio para o Gólgota das próprias renúncias e sacrifícios, enquanto permanecermos acovardados ante os próprios testemunhos.

Ou, ainda, vê-las ao pé da cruz dos próprios sacrifícios, obedientes como Maria de Magdala, amparadas pelos espíritos maiores, enquanto imobilizamo-nos temerosos do sofrimento.

Pasmos, podemos percebê-las, um dia, privando do contubérnio do Cristo na definitiva ascensão espiritual, enquanto permanecemos amodorrados e jugulados à lei do menor esforço.

211 KARDEC, Allan. *O livro dos espíritos*. Ed. Especial. Rio de Janeiro: FEB, 2006, II Parte, Do Mundo Espírita ou Mundo dos espíritos, Cap. I, "Dos Espíritos", questão 118. Podem os Espíritos degenerar? Não; à medida que avançam, compreendem o que os distanciava da perfeição. Concluindo uma prova, o Espírito fica com a ciência que daí lhe veio e não a esquece. Pode permanecer estacionário, mas não retrograda.

Ou então, observá-las servindo e chorando pelo Cristo, legitimamente, enquanto nos julgamos os verdadeiros trabalhadores de Jesus e despenseiros da caridade.

Tudo isso é factível porquanto tais acontecimentos já se repetiram na história do cristianismo. Além de Maria de Magdala e Paulo de Tarso, já citado, temos Agostinho, bispo de Hipona; de maniqueísta e hedonista, aventureiro nos terrenos da sexualidade, à continência e pureza dos grandes espíritos. Francisco de Assis, de jovem folgazão à elevação espiritual dos 'santos'. Teresa de Ávila, que redirecionou a própria crença, ataviada ao sabor das vaidades dos nobres, para caminhos de mais abstinência, doação e sacrifícios. Dentre muitos outros, conhecidos e desconhecidos.

Abandonada pelos discípulos, Maria não esmoreceu. Entre saudade e abandono, sentiu um desejo irrefreável, talvez uma intuição: andar pela orla do mar da Galileia quando evocava, a cada passo, a presença adorada do Mestre e seus ensinamentos.

Quem sabe não fora Jesus, em pessoa, que a conduzira aos caminhos do Tiberíades, levando-a para sendas ainda mais especiais. Num desses entardeceres abençoados, encontrou um grupo de leprosos que vinham da Idumeia buscar o conforto do carpinteiro de quem tanto ouviram falar. No entanto, Jesus, em sua ausência física, faz de Maria de Magdala a sua especial representante e ela o sente com todas as fibras da alma. Nas cercanias de Dalmanuta, abraça-os com imenso amor, notificando-lhes da partida do Mestre, e começa a lhes falar do Evangelho sob as castanheiras em caricioso farfalhar ao sabor do vento. Não demorou muito e ela se sentiu, como uma mãe, comprometida com aqueles corações sofredores que, como ela, buscavam – ainda através das dores físicas – a recuperação espiritual. Não vacilou em segui-los até o vale[212] onde se abrigavam, o vale dos Leprosos, dos excluídos, nas cercanias de Jerusalém.

---

[212] Eram vários os vales onde se abrigavam os leprosos; escavações feitas por

Amou-os e protegeu-os, pensando-lhes as feridas durante muito tempo. Aquele agora era seu lar. Quando percebeu que também o seu corpo se marcava de manchas violáceas, quedara-se doente como eles. A antiga beleza gradualmente se transformava em máscara de fealdade aos olhos humanos, mas esparzindo celeste fulgurança invisível a esses mesmos olhos.

Desejou rever a dulcíssima mãe de Jesus, quando sentiu as forças sucumbirem pela doença. Desejava ver pela última vez aquela mãe especialíssima que tanto a compreendera, como seu filho, que fora um refúgio para as suas angústias. Maria de Magdala, a mãe e irmã querida dos leprosos, despede-se deles deixando tristeza e saudade nos corações de seus filhos pelo espírito, demandando a Éfeso.

Vencida a penosa jornada, Maria não suportou e caiu às portas da cidade de Éfeso, abandonando gradualmente a veste carnal, rota e consumida. Subitamente viu-se recolhida, qual criança preciosa, nos braços do próprio Mestre resplandecendo suave claridade, passando a experimentar agradável sensação de conforto. Maria murmurou em transporte de júbilo:

– Senhor!

Jesus respondeu em tom suave e amigo:

– Maria, já passaste a porta estreita!... Amaste muito! Vem! Eu te espero aqui![213]

---

pesquisadores israelenses num local conhecido como Tumba do Sudário, próxima à Cidade Velha de Jerusalém, revelaram que um homem lá enterrado, que viveu na primeira metade do século 1º d.C., sofria de hanseníase. Trata-se, informa o jornal *The Jerusalem Post*, do primeiro caso conhecido da moléstia, confirmada por meio de exames de DNA. O local das escavações fica no vale do Hinom, perto do portão de Jaffa, e é parte de um cemitério que existiu no primeiro século depois de Cristo, que era conhecido como Aceldama ("Campo de Sangue", mencionado na Bíblia).

[213] XAVIER, Francisco Cândido (médium); CAMPOS, Humberto de (espírito). *Boa Nova*. Rio de Janeiro: FEB, 1963.

Enquanto o homem se acha na escola primária da lei, soletrando o abc do dever, pode ele ser vicioso ou virtuoso, não fazer ou fazer dificilmente o que deve; mas, quando ingressa na universidade da verdade e da graça, entra ele na zona do compreender, da sapiência e do saboreamento da verdade.

Para os principiantes é necessário o "caminho estreito e a porta apertada" da virtude do dever.

Os finalizantes, porém, só conhecem "o jugo suave e peso leve" da sabedoria e compreensão.[214]

Maria, tu, abençoada, a quem foi abençoada em todos os mistérios do Alto, fala com franqueza, tu, cujo coração está mais voltado ao reino do céu do que todos teus irmãos. [215]

"Então Ele se levantou e olhou para mim como as estações do ano devem olhar para os campos, sorriu, e novamente disse: "Todos os homens te amam por eles mesmos. Eu te amo por ti mesma."

Em seguida, saiu caminhando. Mas nenhum outro homem jamais caminhou como Ele caminhava. Seria uma brisa surgida no meu jardim, soprando para o leste? Ou seria uma tempestade que veio a sacudir tudo, até as fundações? Eu não sabia, mas nesse dia em que o ocaso de seus olhos matou o dragão que havia em mim, eu me tornei uma mulher, me tornei Miriam, Miriam de Mijdel.[216]

---

[214] RODHEN, Huberto. *Sabedoria das parábolas*. São Paulo: Martin Claret, 2005, p. 156, cap. "Bem-aventurados os pobres pelo espírito, porque deles é o Reino dos Céus".

[215] Pistis Sophia, livro I, cap 17. Disponível em: <http://www.pentagrama.org.br/livros/misterios-gnosticos-pistis-sophia.pdf>. Acesso em: 25 jan. 2017.

[216] GIBRAN, Khalil. *Jesus, o filho do homem*. Rio de Janeiro: Brasil América, [19-], p. 11-14, cap. "Miriam de Mijdel".

11 - A Mulher Cananeia

Partindo Jesus dali, foi para as partes de Tiro e de Sidom. Eis que uma mulher cananeia, que saíra daquelas cercanias, clamou, dizendo: "Senhor, Filho de Davi, tem misericórdia de mim, que minha filha está miseravelmente endemoninhada". Mas ele não lhe respondeu palavra. E os seus discípulos, chegando ao pé dele, rogaram-lhe, dizendo: "Despede-a, que vem gritando atrás de nós". E ele, respondendo, disse: "Eu não fui enviado senão às ovelhas perdidas da casa de Israel". Então chegou ela e adorou-o, dizendo: "Senhor, socorre-me!" Ele, porém, respondendo, disse: "Não é bom pegar no pão dos filhos e deitá-lo aos cachorrinhos". E ela disse: "Sim, Senhor, mas também os cachorrinhos comem das migalhas que caem da mesa dos seus senhores". Então respondeu Jesus, e disse-lhe: "Ó mulher, grande é a tua fé! Seja isso feito para contigo como tu desejas." E desde aquela hora a sua filha ficou sã.[217]

Para qualquer espécie de sofrimento é possível dar migalhas de alívio e amparo, ainda quando semelhante migalha nao passe de um sorriso de simpatia e compreensão.[218]

André Luiz

---

[217] Mt 15,21-28.

[218] XAVIER, Francisco Cândido (médium); LUIZ, André (espírito). *Sinal verde*. Araras: IDE, 1995, lição 9, "Apresentações".

O Evangelho evoca através de todas as suas palavras e de todo o seu enunciado a realidade moral. Isto porque a letra do Evangelho, em termos de educação, representa para nós preciosíssimo material didático do qual extraímos os conteúdos elevados, que nos servem de base para a verdadeira transformação.

Jesus como modelo e guia, mas, sobretudo como Mestre dos mestres, ressalta a sua condição, como podemos identificar nas anotações do evangelista João; "Vós me chamais mestre e senhor e dizeis bem porque eu o sou".[219] Deste modo, todas as palavras, as atitudes, os movimentos e expressões de Jesus correspondem a importantíssimos ensinamentos que precisamos auferir, tal como um garimpeiro que, trabalhando arduamente, encontra ouro por entre os cascalhos. Faz-se indispensável elevar os sentimentos para vislumbrarmos o sentido moral de todos os acontecimentos que permearam a vida de Jesus, de modo a alcançarmos os nossos precípuos objetivos encetando passos decisivos rumo à perfeição.

Desta forma, urge que, utilizando-nos do valioso material didático, elevemo-nos espiritualmente de maneira a fazer uma leitura vibratória, extraindo o espírito da letra, não nos detendo somente nas belezas que o Evangelho nos proporciona em termos históricos e nos coloridos característicos de seu conteúdo sublime. Ademais é imprescindível contextualizar na atualidade, no 'aqui e agora', as situações e exemplos do Mestre para o melhor aproveitamento desta abençoada reencarnação.

Os fundamentos básicos da doutrina espírita, lindados em seus princípios regentes, são os instrumentos necessários para esflorarmos o Evangelho de Jesus em todos os seus aspectos educacionais e transformadores. *O evangelho segundo o espiritismo* nos diz que "O espiritismo é a chave com a ajuda da qual tudo se explica com facilidade".[220] Aproveitemos, assim,

---

[219] Jo 13-13.

[220] KARDEC, Allan. *O evangelho segundo o espiritismo.* 120ª ed. Rio de Janei-

todos os seus conteúdos para melhor compreender e degustar os exemplos divinos de Jesus, em nosso benefício, nos dias de grandes e decisivas lutas da atualidade.

O encontro de Jesus com a mulher sírio-fenícia é uma dessas pérolas que o Evangelho nos oferece – através da resoluta postura espiritual de uma mãe, que jamais se deixou vencer pelo desânimo.

As ações da mulher estrangeira – cujo nome não está definido pelo evangelista João – ganha elevada estatura a expressar cada um de nós, caminhantes da senda evolutiva que já nos predispomos a alçar voos sólidos na aquisição dos verdadeiros valores para o espírito. Ela, em sua condição de forasteira, era antecipadamente vista pelos discípulos como uma pessoa não enquadrada nos padrões sociorreligiosos comuns a um determinado povo, neste caso, os judeus.

Por razões históricas, os cananeus não eram bem vistos pelos judeus. Na realidade, eram desprezados e rechaçados de sua convivência, haja vista que eram considerados gentios, ou mesmo pagãos, adoradores do deus Baal,[221] com costumes de oferecer sacrifícios humanos, principalmente de crianças, a esse deus.

Igualmente representativo este ponto, pois todos nós que não temos como principal escopo na existência reencarnatória o "amar a Deus sobre todas as coisas" e nos engolfamos nos arquétipos de êxito, dentro dos valores do imediatismo e do materialismo, estamos verdadeiramente adorando ao deus pagão Baal. Adoramos Baal, em nossos dias, quando sacrificamos a nós próprios em detrimento da árdua busca por padrões superiores de vida.

ro: FEB, 2002, cap. 1, "Não vim destruir a lei. O Espiritismo", item 5.

[221] Baal – palavra semítica que significa 'senhor'. A raiz da palavra significa 'ele governa ou ele possui', de onde vem o significado literal de 'senhor', e também de marido. 'Baal', precedido pelo artigo definido 'o' – 'o Baal' – significa o nome do principal deus masculino dos fenícios e cartagineses e aparece nos escritos bíblicos no plural: '*baalim*'. Baal é identificado como moloque, demônio.

Assim sendo, esta mulher possuía tudo para ser duplamente discriminada; por ser mulher e por ser cananeia; o que não irá impedi-la de buscar insistentemente os seus objetivos, tendo em vista que procurou Jesus espontaneamente, rompendo diversas barreiras sociais e psicológicas, de raça e de crença.

A mulher cananeia oferece valioso ensejo de aprendizado, mostrando os verdadeiros caminhos para todos aqueles que desejam romper os limites da própria inferioridade moral-espiritual, rasgando os véus da mediocridade e da modorra existencial, próprias dos seres ainda inseridos em provas e expiações.

Eis um convite, através de uma mulher que se alteou em fé e determinação, levando-nos a repensar os padrões em que estagiamos e instigando-nos às mudanças definitivas baseadas na humildade e na perseverança. Esta mulher estava só, pois "a porta é estreita". Nos momentos de testemunho vivo, compete a cada um, individualmente e na solidão, romper as barreiras que nos vinculam aos comportamentos atávicos, egoísticos e inferiores na vida.

Nestes instantes, além da coragem, encontramos nela a fé operante a impulsionar o espírito resoluto para o objetivo, para o alvo, nos propósitos transformadores, atitude que nos fala com tremenda eloquência – sem palavras. Jesus era o seu objetivo.

Todos os esforços da mulher cananeia foram no sentido de se aproximar daquele que temos como 'modelo e guia'.[222] Quantas vezes empreendemos esforços hercúleos, movemos montanhas numa determinação mal direcionada, em direção daquilo que não representa o objetivo central e precípuo da oportunidade reencarnatória. Muito embora todos os movimentos, no fim, representem aquisições de experiências, igualmente podem atrasar o valioso processo evolucional. Advertiu Jesus: – "Buscai primeiro o reino de Deus e a sua justiça e tudo o mais vos será acrescentado".[223]

---

[222] KARDEC, Allan. *O livro dos espíritos*. Ed. Especial. Rio de Janeiro: FEB, 2006, Livro III, "As leis morais". Cap. I, "Lei divina ou natural". q. 625.
[223] Mt 6,33.

Concentrar energias no roteiro que melhor nos proporcione paz e harmonia – eis o desafio de nosso tempo; eis a postura de verdadeiro espírita, o que representa o verdadeiro cristão. Não nos cabem dúvidas do que devemos seguir, dos objetivos a conquistar, das metas a alcançar... Jesus como meta, sempre!

"A mulher clamava dizendo..."

O clamor expressa um sentimento nascido das profundezas da alma, bem mais intenso do que um grito, pois é insistente, perseverante, chegando, em algumas circunstâncias, a ser mesmo motivo de inquietação para aqueles que estão próximos à situação – nesse caso particular, os discípulos.

Quando o coração de uma mãe clama em favor de um filho, os céus baixam à terra no intuito de ajudar, embora saibamos que não existem vítimas no universo e que colhemos exatamente o que plantamos. A misericórdia divina, porém, se faz presente nesses instantes agudos de desesperação.

A doutrina espírita nos ensina que o espírito encarnado, uma vez inserido na sociedade, cria liames participativos com seus acertos ou erros, conseguintemente arrola o número de individualidades que lhe coadjuve os intentos felizes ou infelizes. Neste caso em particular, compreendemos que, quando o membro de uma família é colocado nos padrões reencarnatórios de reajuste mental-espiritual, não raras vezes os demais membros são corresponsáveis na situação aflitiva do ser amado.

Faz-se imperativo, pois, naqueles tempos remotos quanto na atualidade, colaborar definitivamente para o reequilíbrio espiritual através das vias reeducativas do Evangelho e do trabalho no bem, e pelo bem; mais do que suportando, empreendendo energias revigorantes no ressarcir dos desvios de antanho.

A mãe sofria pelos padecimentos da filha – exercício pleno de amor ao próximo, processo de empatia, afinidade. Estamos todos, conforme já dito, sempre juntos às situações correlativas às nossas necessidades.

A identificação feita, pela mulher cananeia, de Jesus como filho de Davi (o que significa o amado) deixa claro a sua acuidade espiritual, embora não sendo judia. Avaliava com clareza a representatividade espiritual de Jesus como profeta, como espírito eleito, o único capaz de libertá-la do jugo das provações. Contudo, este caminho não foi fácil.

O Mestre silencia diante de seu clamor, a nos ensinar que a espiritualidade maior e benfazeja labora em padrões temporais diferentes dos nossos. A urgência no atendimento às nossas dores é vista com muita tranquilidade pelos espíritos superiores. O processo da dor é reeducativo. Enquanto não aprendermos a lição, ela estará ao nosso lado, como companheira, como mestra silenciosa.

Devemos ter sempre em mente que as nossas preces serão atendidas no momento propício e com a intensidade necessária para extrairmos os ensinamentos que nos conduzirão à vitória final sobre nós mesmos.

Muito nos ensina a atitude da mulher que suplica intercessão para sua filha.

A fortaleza de ânimo diante dos embates define uma das características do espírito determinado, perseverante e consciente dos seus objetivos. A mulher cananeia suportou resignada o silêncio do Mestre ante a sua rogativa de misericórdia, igualmente representação de humildade, pois, além de se reconhecer miserável e necessitada de auxílio, vislumbra em Jesus toda a superior capacidade de exercer a compaixão.

O desprezo dos discípulos é qual duro látego em sua alma, nada obstante ela parece compreender que, a par de seguidores do Mestre, cada um carregava consigo suas íntimas fragilidades. Perguntamo-nos: "Quantas vezes nos portamos como os discípulos, naquela ocasião, tornando-nos empecilhos do favorecimento aos mais necessitados pela falta de esclarecimento, paciência e benignidade?!"

A resposta de Jesus aos seus discípulos é direta, assertiva: "Não fui enviado senão às ovelhas perdidas da casa de Israel". Fazendo-nos, igualmente, reconhecer que para o aprendizado ser completo é indispensável plena identificação entre mestre e discípulo. O aluno que não está em sintonia com o seu mestre não consegue apreender, em todo o seu potencial, o ensinamento ministrado...

Neste aspecto temos a pedagogia como metodologia de apropriação dos conteúdos ministrados, em conformidade com a capacidade intelecto-moral do aluno. Jesus como cocriador da Terra e governador espiritual do planeta, espírito perfeito oferecido aos homens como modelo e guia, esteve entre os transeuntes das lutas nos pisos terrenos com o fito de exemplificar e consolidar o ensinamento do amor e do perdão. O Mestre o foi, sobretudo para aqueles perfis espirituais banidos da Constelação de Capela.[224] Jesus se dirige a eles na figuração de ovelhas perdidas, pois Emmanuel nos afirma que Capela,[225] passando

[224] XAVIER, Francisco Cândido (médium); Emmanuel (espírito). *A caminho da luz*. 29ª ed. Rio de Janeiro: FEB, 2002, cap. III. Itens "As raças adâmicas" e "Um mundo em transição e espíritos exilados na Terra".

[225] "Há muitos milênios, um dos orbes da Capela, que guarda muitas afinidades com o globo terrestre, atingira a culminância de um dos seus extraordinários ciclos evolutivos. As lutas finais de um longo aperfeiçoamento estavam delineadas, como ora acontece convosco, relativamente às transições esperadas no século XX, neste crepúsculo de civilização. Alguns milhões de espíritos rebeldes lá existiam, no caminho da evolução geral, dificultando a consolidação das penosas conquistas daqueles povos cheios de piedade e virtudes, mas uma ação de saneamento geral os alijaria daquela humanidade, que fizera jus à concórdia perpétua, para a edificação dos seus elevados trabalhos. As grandes comunidades espirituais, diretoras do Cosmos, deliberam, então, localizar aquelas entidades, que se tornaram pertinazes no crime, aqui na Terra longínqua, onde aprenderiam a realizar, na dor e nos trabalhos penosos do seu ambiente, as grandes conquistas do coração e impulsionando, simultaneamente, o progresso dos seus irmãos inferiores. Foi assim que Jesus recebeu, à luz do seu reino de amor e de justiça, aquela turba de seres sofredores e infelizes". XAVIER, Francisco Cândido (médium);

para um mundo de regeneração, degredou para a Terra os espíritos que não se adequavam vibracionalmente. Por isso, "ovelhas perdidas" são aqueles espíritos avançados moral e intelectualmente, mas carentes ainda de aquisições espirituais mais relevantes, sobretudo tendo a ajustar em seus íntimos o orgulho e a vaidade. Com certeza a mulher cananeia não pertencia, enquanto coletividade, a estes últimos.

Independente de quaisquer empecilhos apresentados, a mulher rompe os limites do seu amor próprio ferido e, chegando-se mais próxima ao Mestre, adora-o dizendo: "Senhor, socorre-me".

Na questão de número 659 de *O livro dos espíritos*, encontramos o questionamento do pedagogo lionês: "Qual o caráter geral da prece?". Resposta: "A prece é um ato de adoração. Orar a Deus é pensar nele; é aproximar-se dele; é pôr-se em comunicação com ele. A três coisas podemos propor-nos por meio da prece: louvar, pedir, agradecer". E foi justamente o que a mulher cananeia fez: adorou-o, ou seja, chegou mais próximo a Jesus, pôs-se em comunicação direta com ele.

Sabemos hoje que este processo se dá através da fé, que tem como radical a palavra latina '*fides*', que significa entrar em sintonia com. Superando todos os obstáculos e sendo perseverantes, alcançamos os nossos propósitos mais sagrados. Enfeixando o pedido, ela não mais pede misericórdia, mas clama: "socorre-me". Socorro é o último brado daquele que se afoga nas águas do desespero.

Jesus, porém, respondeu: "Não é bom tomar o pão dos filhos e lançá-lo aos cachorrinhos". Resposta desconcertante, mas que traz no seu bojo inúmeros ensinamentos. Ele não negou ajuda, apenas advertiu que o alimento deve ser sempre compatível às necessidades daquele que consome.

O apóstolo Paulo escreveu aos coríntios nestes termos: "Com leite vos criei, e não com manjar, porque ainda não podíeis, nem

Emmanuel. *O consolador*. 29ª ed. Rio de Janeiro: FEB, 2007, p. 34.

ainda agora podeis".[226] O aprendizado, como alimento da alma, tem que ser ministrado de acordo com a maturidade espiritual de quem o recebe.

Para espíritos mais amadurecidos, o aprofundamento dos conceitos aqui representados poderia ser expresso pelo próprio pão. E para os demais conceitos básicos da lei universal, poderiam ser representados pelas migalhas que caem da mesa.

Então, a mulher cananeia, demonstrando uma surpreendente acuidade espiritual sedimentada pelas experiências, revela uma fé raciocinada, expressando: "Sim, Senhor, mas até os cachorrinhos comem das migalhas que caem da mesa dos seus donos".

Quando ela afirma: "Sim, Senhor", concorda plenamente com o Mestre, compreendendo a hierarquia e o respeito. "Sim, Senhor, reconheço a minha situação e não questiono; sim, Senhor, tudo está certo à vista de nosso Deus", mas, como filha amada e em sintonia com o desejo mais sincero de acertar o caminho para a verdade e para a vida, sentiu-se uma com o Mestre. Digna, portanto, de receber dele o consolo.

O seu amor penetrava-lhe as entranhas e em tal identificação alcançou a paz de espírito. Na unidade do amor está a felicidade perene.

No ápice desse encontro, sedimentado em exemplo sublime de fé, determinação e perseverança, Jesus declara à mãe sofredora: "Ó, mulher, grande é a tua fé! Seja-te feito como queres. E desde aquela hora sua filha ficou sã".

Ó, mulher de magnífica enfibratura! Ó, surpreendente encontro, legando lições valiosíssimas para a posteridade! Nenhuma barreira a impediu de alcançar a finalidade de propósitos; nem desânimo, nem vergonha, nem temor. Encontrou, enfim, o porto seguro da paz depois dos ventos e dos embates no mar alto das provações.

[226] Paulo, 1Cor 3,2.

Vai, enfim, mulher! Sou um contigo, encontraste o caminho, peregrina da verdade! Preencha o coração daqueles que ainda não me conhecem com a certeza de que o amor, a perseverança e a fé cobrem a multidão das dores.

12 - A Viúva de Naim

Logo depois, Jesus foi a uma cidade chamada Naim, e com ele iam os seus discípulos e uma grande multidão. Ao se aproximar da porta da cidade, estava saindo o enterro do filho único de uma viúva; e uma grande multidão da cidade estava com ela. Ao vê-la, o Senhor se compadeceu e disse: "Não chore". Depois, aproximou-se e tocou no catre, e os que carregavam pararam. Jesus disse: "Jovem, eu digo, levante-se!" O jovem sentou-se e começou a conversar, e Jesus o entregou à sua mãe. Todos ficaram cheios de temor e louvaram a Deus. "Um grande profeta se levantou dentre nós", diziam eles. "Deus interveio em favor do seu povo". Essas notícias sobre Jesus espalharam-se por toda Judéia e regiões circunvizinhas.[227]

A natureza infra-humana – embora esteja imersa no mar do Infinito e esse Infinito esteja presente em qualquer ser da natureza, o mundo mineral, vegetal e animal – não tem consciência dessa presença do Infinito nele.[228]

Huberto Rohden

[227] Lc 7,11-17.

[228] ROHDEN, Huberto. *Roteiro cósmico.* 5ª ed. São Paulo: Martin Claret, 1999, p. 213, cap. "Realização do Homem Integral".

A cidadezinha de Naim, na Galiléia, existe até os dias atuais e fica em frente ao monte Tabor. A vila pobre fica cerca de um dia de caminhada da cidade de Cafarnaum (aldeia da consolação, em hebraico). O nome hebraico da vila onde residia a viúva significa: 'tranquilidade', 'calmaria', levando-nos a acreditar que era um pedaço do céu para se viver. Belíssima manifestação de Jesus com uma mãe, viúva, perante o povo de Israel!

Atualizando os conceitos e ensinamentos do Mestre Jesus, reconhecemo-nos, em humanidade, como a Israel dos tempos passados. No entanto, ainda permanecendo preconceituosos e egoístas, orgulhosos e vaidosos dos saberes puramente humanos. Costumamos não aceitar com tranquilidade irmãos que pensam e agem de maneira diferente da nossa, o que nos alerta o quanto devemos ainda exercitar o respeito às diferentes crenças e capacidades de entendimento dos nossos semelhantes. Manifesta-se, não raras vezes, nos procedimentos do homem do mundo – em algumas circunstâncias – a prepotência em se sentir escolhido diante da vida, enquanto, na realidade todos são iguais perante a Divindade.

"Ao se aproximar da porta da cidade", anotou o evangelista Lucas, ensejando-nos a compreensão de que uma porta é sempre o limiar de um novo espaço-tempo, de um novo período. Defrontamos aqui dois posicionamentos interessantes com relação a essa "porta", a essa transposição, a saber:

1. Ao se aproximarem da porta da cidade, aqueles que seguiam Jesus, provindos de Cafarnaum, estavam alegres em sua companhia. Isso logo depois da cura do servo do centurião. Caminhavam como aqueles que avançam osculados pela luz divina, jubilosos por desfrutarem a companhia do Mestre, fruindo, a cada passo, uma felicidade inexaurível.

2. Ao se aproximarem da porta da cidadezinha de Naim, depararam com outra multidão, que acompanhava um funeral, especificamente do filho de uma viúva. A afluência avançava absorvida por sentimentos opostos, a nos ensinar que a vida e a morte, embora se encontrem na mesma via, fazem-no sempre em sentidos diferentes. A vida plena e a alegria pura sempre serão possíveis ladeando os passos de Jesus – num sentido da existência e a partir de uma posição de espírito. E a morte num sentido contrário, a significar tristeza e desesperança, quando nos arrolamos na matéria, nas paixões e nos preconceitos.

Entretanto, há sempre uma oportunidade de conforto e despertamento através do encontro com Jesus; de observá-lo, de senti-lo, de abrir as comportas da alma para recebê-lo, definindo um novo roteiro. A porta é estreita – afirmou o Mestre – a nos ensinar que o momento da decisão não prescinde de coragem e fé. Faz-se indispensável abandonar tudo o que é excesso, de modo a atravessar a porta estreita – orgulho, preconceito, vaidade e ciúme, sentimentos próprios do ego – e concentrar esforços no Eu imperecível, na luz e na simplicidade transformadora dimanadas do Cristo. Desse modo, será possível atravessar o grande portal de espiritualidade inserido em cada um de nós.

Segundo os padrões socioculturais e religiosos, a mulher de Naim, por ser viúva e mulher, não podia ter emprego e salário, sequer podia se dirigir a outros homens para esmolar, sem dúvidas restando ao filho a expectativa de sua manutenção e arrimo. Imaginemos a angústia desta viúva ao acompanhar o féretro de seu único filho e a dor de estar só no mundo dominado pela hostilidade, ignorância e preconceitos. Até que a providência se manifestasse em sua ajuda através da ressurreição de seu filho pelas mãos abençoadas de Jesus.

Ficamos a imaginar quais não foram os pensamentos mais profundos e os sentimentos inauditos que lhe avassalavam a alma. Sem uma mão amiga, um apoio que a sustentasse na vida cotidiana. Cogitamos se a alma daquela mulher não fora invadida por uma solidão desesperadora, um abandono afetivo irremissível, devastador. Sem que soubesse, no entanto, ela permanecia amparada pelos anjos guardiães, espíritos definidos pela vida maior para sempre oferecer suporte aos homens ao longo de toda a jornada terrestre, e, muitas vezes, além dela, na espiritualidade.

Não existem relatos dos evangelistas Lucas e Marcos de qualquer tipo de desesperação por parte da viúva, tampouco de rebeldia contra Deus pela fatalidade que a colhera. Nenhuma referência, sequer, de ambos os cronistas, de qualquer traço de desgosto ou inconformidade na atitude da mulher de Naim.

O ato de renúncia e aceitação, diante do acontecimento, revela grande fortaleza de alma, aquiescência e respeito às leis divinas, malgrado o clamor silencioso de dor que, certamente, brandia as fímbrias de seu ser. Dor e sofrimento silenciosos. Silenciosos aos ouvidos humanos, pois o próprio Cristo ouviu e veio em seu socorro.

Sua amargura oculta era tão intensa que não necessitou da manifestação das palavras. Bastou que os olhos de Jesus pousassem sobre a mulher viúva, condenada a uma vida de muitas dificuldades, para que ela granjeasse a interseção do Cordeiro e sua misericórdia. Aos ouvidos e olhos de um espírito perfeito, puro como Jesus, o silêncio daquela mãe bradava de forma intensa em sua sensibilidade, nada obstante uma dor expressa na humildade e no reconhecimento da própria pequenez perante as manifestações da vida.

A obediência e a resignação como bandeiras flamejantes fincadas naquele coração feminino a vibrarem no éter atraíram, pela lei natural do mérito, reconforto ao coração sofredor. Dor e virtude que encontraram ressonância na acústica espiritual de Jesus.

O Mestre caminha em sua direção pleno de compaixão, sublime virtude que secunda todas as manifestações da caridade. Assim, igualmente, fez o pai na parábola do filho pródigo[229] ao receber de retorno ao lar o filho perdido. O pai adiantou-se, antes que o filho se jogasse em seus pés; "estando ele ainda longe, seu pai o viu, encheu-se de compaixão e, correndo, lançou-se-lhe ao pescoço e o beijou".[230]

Há certas aflições em nossas existências e, dependendo de como nos posicionamos diante delas, antes que terminemos uma oração de súplica os céus se manifestam em misericordioso auxílio.

Interessante destacar que Jesus se dirige, primeiramente, ao coração da mãe, dizendo: "não chores", para depois materializar o socorro na ressurreição do filho. Grandes ensinamentos nos legam o encontro da viúva de Naim com Jesus. Conteúdos iluminativos dirigidos a todos os corações maternos em padecimentos. Valores imprescindíveis a serem repensados e sentidos nos refolhos sagrados das almas que faceiam os grandes testemunhos terrenos.

Em todo ensinamento temos a palavra como via de luz e apaziguamento das emoções, sendo imperiosa a postura de fé, resignação e tranquilidade para receber as benesses espirituais, que vêm primeiro através da 'advertência' (não chores, ou seja; paciência). Depois, o efetivo auxílio em consonância com o merecimento e compreensão de cada um.

Com os corações descompassados e em desarmonia, não é possível receber, menos ainda absorver, o conteúdo consolador na medida necessária. Não foi por outro motivo que Jesus se expressou, ao mesmo tempo, com firmeza e doçura, advertindo: "não chores"; paciência, confiança. "Eu sou a luz do mundo;

[229] Lc 15,11-32.
[230] Lc 15,20.

quem me segue não andará nas trevas; pelo contrário, terá a luz da vida".[231]

Lemos na sequência da redação de Lucas: "depois, aproximou-se e tocou no catre", fazendo-nos compreender que a caridade se manifesta, "depois", através da proximidade e do toque. Entretanto, antes, na elevação do entendimento, na superação e nos esforços. A mulher, ao sentir a aproximação da aura bendita e consoladora de Jesus, não se valeu da oportunidade para as lamentações, exalçando as suas dificuldades e posicionando-se como vítima das circunstâncias. Por outro lado, postou-se com nobreza de alma, consciente de que tudo na vida se apresenta com o objetivo de impulsionar as individualidades para frente, abrindo caminhos novos de conhecimento, oportunizando sublimes sentimentos de elevação. Trazia no seu íntimo a confiança de que 'o acaso não existe'.

Ademais, é importante ressaltar que cresce aos nossos olhos a discreta anuência desta viúva ao ver Jesus se aproximar e tocar no seu filho, considerado morto, pois àqueles dias não era lícito tocar num cadáver, haja vista que esse ato era considerado impuro. Segundo Mahatma Gandhi "a fé transcende a razão sem contradizê-la". Esta fé genuína da viúva diante do ato incomum de Jesus, heterodoxo para o contexto sociorreligioso da época, lega-nos a oportunidade de refletir sobre os eventos em circunstâncias fora de nosso ponto de vista, costume ou tradição, mas que dirimem dores, sanam angústias, apaziguam a alma e resolvem problemas.

Para quantas criaturas, ainda hoje, a presença e a manifestação dos espíritos representam fatos extraordinários, fazendo-os absorver em especulações desnecessárias?

Emmanuel nos fala do papel importantíssimo dessa caridade essencial:

---

[231] Jo 8,12.

Ninguém pode assistir a outrem, com eficiência, se não procurou a edificação de si mesmo; ninguém medicará, com proveito, se não adquiriu o espírito de boa-vontade para com os que necessitam, e ninguém ensinará, com segurança, se não possui a seu favor os atos de amor ao próximo, no que se refira à compreensão e ao auxílio fraternais.

Em razão disso, as menores manifestações de caridade, nascidas da sincera disposição de servir com Jesus, são atividades sagradas e indiscutíveis. Em todos os lugares, serão sempre sublimes luzes da fraternidade, disseminando alegria, esperança, gratidão, conforto e intercessões benditas.

Antes, porém, da caridade que se manifesta exteriormente nos variados setores da vida, pratiquemos a caridade essencial, sem o que não poderemos efetuar a edificação e a redenção de nós mesmos. Trata-se da caridade de pensarmos, falarmos e agirmos, segundo os ensinamentos do Divino Mestre, no Evangelho. É a caridade de vivermos verdadeiramente n'Ele para que Ele viva em nós. Sem esta, poderemos levar a efeito grandes serviços externos, alcançar intercessões valiosas, em nosso benefício, espalhar notáveis obras de pedra, mas, dentro de nós mesmos, nos instantes de supremo testemunho na fé, estaremos vazios e desolados, na condição de mendigos de luz.[232]

Pode-se amar de longe, apenas orando e desejando o bem, quando existe impossibilidade de maior proximidade. No entanto, o amor ativo, dinâmico em caridade sempre aspirará a proximidade, que proporciona generosamente calor, confiança e conforto, lenindo dores, nivelando os sentimentos, diminuindo a distância entre o que oferece e o que recebe; entre o ensinamento e o aprendizado.

---

[232] XAVIER, Francisco Cândido (médium); Emmanuel (espírito). *Vinha de luz*. 14ª ed. Rio de Janeiro: FEB, 1952, cap. 110, "Caridade Essencial".

O calor humano é fundamental e desempenha papel primordial dentro das necessidades do ser humano. Segundo a física e a lei da termodinâmica, o calor[233] é a energia em trânsito entre os corpos, que apresentam diferentes temperaturas. Contextualizando para o terreno das emoções; o calor é ativo, constituindo-se em fator preponderante no convívio dos seres humanos. O pleno oferecendo energias para o necessitado. O que possui muito para o que possui menos.

O calor é vida enquanto o frio é passageiro; na realidade, o frio sequer existe, é a ausência de calor, pressupondo deficiência, necessidade. Oferecer é ato natural de quem ama, de quem é pleno de amor, e receber é natural a quem é carente. Em muitas ocasiões conflituosas, o vocábulo se torna improfícuo e o acalento torna-se a maior expressão de conforto que se pode oferecer a quem necessita.

Continua o evangelista: "e os que o carregavam pararam", a união nos propósitos superiores facilita o recebimento das bênçãos. Unidos, adquirimos resistência frente aos desafios. Separados, os padecimentos tornam-se mais intensos de serem suportados. A compreensão, quando engloba as almas de todos aqueles que convivem conosco, transforma-se em propriedade capaz de decuplicar as energias no enfrentamento das dificuldades.

Jesus deixou bem definido em outra passagem, quando asseverou: "se uma casa se divide contra si mesma, tal casa não subsistirá",[234] ou seja, é sumamente importante vivermos como um feixe de varas (vide parábola de La Fontaine[235]) unidos sem-

[233] O calor é definido na física como uma energia em movimento. Mais especificamente, uma forma de energia que sempre está se movimentando dos corpos de maior temperatura para os corpos de menor temperatura.

[234] Mc 3,25.

[235] O Feixe de Varas – Jean de La Fontaine. La Fontaine foi um poeta e fabulista francês, nasceu em Château-Thierry, França, em 8 de julho de 1621, faleceu em 3 de abril de 1695, em Neuilly-sur-Seine, Nanterre, França.

pre no mesmo propósito. A união é uma virtude ativa naqueles que desejam a vitória sobre si mesmos.

Jesus, ao se aproximar do jovem que jazia sobre o catre, ordenou: "Jovem, eu digo, levante-se!" A força moral e espiritual de Jesus se manifesta nestas simples palavras. A partir de uma ordem direta, o espírito do jovem retorna ao corpo, refeito em suas energias vitais e pronto para continuar a sua tarefa na Terra como o arrimo de sua mãe.

Uma palavra somente para que a vida tome rumo diverso daquele que a viúva de Naim esperava. O poder da palavra, o poder do verbo como criador da vida! Ao influxo das vibrações harmoniosas do coração de Jesus, através da manifestação de sua voz e do cumprimento da lei de amor, o jovem senta-se. Naturalmente começa a conversar, pois a palavra é o primeiro agente para que o rapaz tranquilize a todos e, notadamente, a própria mãe.

Sem grande bulha, como quem retorna serenamente de um estado de sono, o jovem desperta e não se assusta com a multidão, muito menos com a própria situação.

Quando despertos do sono profundo da inconsciência e do egoísmo avassaladores, um mundo novo se apresenta e mui naturalmente desvinculamo-nos dos processos torpes e doentios do letargo nocivo. Quando despertos para a luz do bem, um novo alvorecer surgirá no horizonte de nossas vidas. A fé e a esperança já não serão conquistas almejadas, mas uma realidade e a certeza da alegria perene e da paz verdadeira.

Todas as tarefas têm que ser levadas até ao fim. Começar uma tarefa e abandoná-la ao meio é característica dos espíritos tíbios e infantis, baldos do estofo espiritual necessário ao enfrentamento das dificuldades. Vemos o exemplo de Jesus que, após levantar o jovem aparentemente morto, "o entregou à sua mãe". Jesus, como grande educador, explicita, de forma simples, a imperiosidade de ir até ao fim de uma tarefa iniciada. Recuperou a vida do filho da viúva de Naim e, ato contínuo, entregou-o à sua mãe. O Mestre restituiu a vida para ele e para a mãe.

Lucubramos qual não foi a satisfação da viúva. Certamente algo indescritível, somente compreendido pelos corações maternos que viram seus filhos perdidos pela sucumbência às paixões nocivas retornarem à vida saudável e plena. Outras vezes, pelas drogas ou diferentes vícios que, não raras vezes, roubam-lhes de seus braços cuidadosos e amorosos.

A reação daqueles que acompanharam o acontecimento, segundo o evangelista Lucas, foi esta: "ficaram cheios de temor e louvavam a Deus". "Um grande profeta se levantou dentre nós", diziam todos. "Deus interveio em favor do seu povo". O receio e o preconceito são características que, usualmente, se apresentam quando as criaturas são defrontadas por aquilo que não conhecem. Especificamente o sobrenatural, que exerce sobre elas poder moral; instinto de autodefesa. E diante da luz da verdade, só resta retirar o véu da ignorância e louvar a Deus, todo poderoso, que "faz que o sol se levante sobre maus e bons e a chuva desça sobre justos e injustos".[236]

Embora o atendimento fosse específico a uma viúva e ao seu filho, todos aqueles que os acompanhavam receberam material adequado à reflexão e ao aprendizado.

Na questão 120 de *O livro dos espíritos* encontramos o questionando de Allan Kardec: "Todos os Espíritos passam pela fieira do mal para chegar ao bem?" E os espíritos superiores esclarecem: "Pela fieira do mal, não; pela fieira da ignorância", deixando-nos o ensinamento de que prevaricamos por ignorância da lei fundamental do amor. Entretanto, podemos aprender com aqueles que convivem conosco ou nos oferecem saudáveis exemplos sem precisarmos incidir no mal para extrair a lição.

A viúva de Naim, sem dúvida, reafirmou a importância da fé;

Os discípulos testificaram que, para Deus, nada é impossível;

[236] Mt 5,45.

Aprendeu o filho da viúva o valor da vida em família;

Testemunhou a multidão que Jesus alteava-se como o caminho, a verdade e a vida;

Aprendemos nós outros, ao abrirmos as Sagradas Escrituras, repetindo, com o Arauto do Evangelho, Paulo de Tarso: "Tudo posso naquele que me fortalece".[237]

> Quem não renuncia à própria renúncia pode ser um semiliberto – mas não um pleniliberto.
>
> Renuncia a este mundo aqui na terra!
>
> Renuncia ao outro mundo nos céus!
>
> Renúncia à esperança de seres premiado!
>
> Renuncia ao medo de seres punido!
>
> Renúncia à consciência de seres um super-homem por seres bom!
>
> E, por fim, renuncia a todas as tuas renúncias – para seres plenamente liberto pela verdade.[238]

---

[237] Fl 4,13.

[238] ROHDEN, Huberto. *Roteiro cósmico*. 5ª ed. São Paulo: Martin Claret, 1999, p. 190, cap. "Renuncia à Renúncia!".

13 - Verônica

Grande multidão o seguia, comprimindo-o. Certa mulher, que havia doze anos tinha uma hemorragia, e que havia padecido muito à mão de vários médicos, e despendido tudo o que tinha, sem, contudo, nada aproveitar, pelo contrário, indo a pior, ouvindo falar de Jesus, veio por detrás, entre a multidão, e tocou na sua veste. Dizia ela: "Se tão somente tocar nas suas vestes, sararei". Imediatamente se lhe estancou a hemorragia, e sentiu no seu corpo estar curada do flagelo. Jesus, conhecendo que de si mesmo saíra poder, voltou se na multidão, e perguntou: "Quem tocou nas minhas vestes?" Responderam-lhe os discípulos: "Vês que a multidão te aperta, e dizes: 'Quem me tocou?'" Porém ele olhava em redor para ver a que isto fizera. Então a mulher, que sabia o que lhe tinha acontecido, temendo e tremendo, aproximou-se, prostrou-se diante dele, e declarou-lhe toda a verdade. Ele lhe disse: "Filha, a tua fé te salvou. Vai em paz, e sê sarada desse teu mal."[239]

Muitos foram os pedaços de minha alma que espalhei nestas ruas, e muitos são os filhos de minha ansiedade que caminham, des-

[239] Mc 5,24-34.

> nudos, entre estas colinas... Não é uma simples vestimenta que dispo agora, mas a própria epiderme que arranco com minhas mãos...
>
> É também só e sem ninho que a águia voará rumo ao sol.[240]

Passava pouco das seis horas da manhã, numa sexta-feira de abril do ano 30 d.C., quando Jesus foi levado à presença de Pôncio Pilatos, intendente romano no governo da Judeia, Samaria e Idumeia. Na condição de réu, foi amarrado e escoltado pelos guardas do templo e por cerca de cento e cinquenta acusadores, pelos membros do tribunal sinedrista, mormente os saduceus, e pelo sumo sacerdote Caifás. Anás não compareceu. Também acompanhava Jesus o apóstolo João. O julgamento aconteceu no pretório, contiguo à fortaleza Antônia.[241]

No momento dos testemunhos a favor do prisioneiro, surgiu "uma certa mulher chamada Berenice (em copta '*Beronice*', em latim '*Verónica*') [que] gritando de longe disse: 'Eu tinha um fluxo de sangue e toquei a fímbria da sua veste, e o fluxo do meu sangue foi estancado quando eu tinha doze anos'. Os judeus dizem: 'Temos uma lei em como uma mulher não poderá dar testemunho'."[242]

A trajetória daquela que chamaremos Verônica foi de acerbos sofrimentos, por anos consecutivos, até o seu libertador encontro com o Messias.[243] Recapitulemos a condição da mulher há dois mil anos para começarmos a sentir com a alma daquela que granjeou consecutivo repúdio social, mas todo amor e compaixão de Jesus.

240 GIBRAN, Khalil. *O profeta*, Petrópolis: Vozes, 1975, p. 4.

241 O LIVRO DE URÂNTIA. Disponível em: <https://www.urantia.org/pt/o-livro-de-urantia/documento-185-o-julgamento-diante-pilatos>. Acesso em: 22 fev. 2017.

242 NICODEMOS. *O Evangelho de Nicodemus*, apócrifo. (Os escritos de Pilatos), cap. VII, 1-2. Disponível em: <https://sites.google.com/site/versaoportuguesa/home/antiga-literatura-espiritual/os-evangelhos-perdidos/o-evangelho-de-nicodemus>. Acesso em: 22 fev. 2017.

243 O Consagrado, o Ungido, o Amado, refere-se, principalmente, à profecia da vinda de um descendente de Davi, que iria reconstruir a nação de Israel e restaurar o reino de David, trazendo desta forma a paz ao mundo.

Portanto, a situação de Verônica, como mulher e doente, era:

- Jugulada a uma condição social, familiar e religiosa enormemente subalterna e infeliz, não raras vezes, sem dúvida, ela ouviu dos lábios dos severos varões: "uma mulher sozinha é um perigo".

- As leis não a protegiam as mulheres. Ao contrário, obrigavam-nas a uma severa sujeição a elas, que, além disso, em tudo as desqualificavam e oprimiam.

- Não tinham direito a salário. E, quando viúvas ou doentes, a situação tornava-se ainda mais dramática e desoladora.

- Verônica não participava da vida pública e até no templo possuía seu espaço separado. Contudo, nem nas proximidades podia chegar dado o seu estado.

- Como as outras mulheres, era ela exonerada das orações diárias.

- Como as outras mulheres, era ela dispensada do *Shema*, a habitual prece judaica. A ascensão delas ao templo limitava-se ao "átrio das mulheres", e os rabinos consideravam indigno ensinar a lei mosaica a uma mulher.

- Certamente Verônica um dia teve um lar. Nada obstante, não lhe fora permitido orar à mesa, nos momentos das refeições.

- Como mulher, nunca participara das festas em Jerusalém.

- Não orava as três vezes ao dia, como os homens judeus, e os ouvia alardear em suas homilias: "Eu te bendigo, Senhor nosso Deus, porque não me fizeste mulher".

• Era constrangida às 'proibições da lei religiosa' e sobrepujada ao rigorismo das leis civis, até mesmo à pena de morte.

• Sofria severa discriminação pela enfermidade, padecendo de um fluxo. Assim, fora colocada à margem do convívio social e familiar como uma impura, e qualquer um a quem ela tocasse tornava-se igualmente impuro.

• Verônica, esmolando pelas ruas, testemunhava situações que, quem sabe, ela própria já não vivera no passado: as parturientes eram consideradas impuras por um período de quarenta dias, se o recém-nascido fosse do sexo masculino e ao dobro desse tempo, se fosse do sexo feminino.

• Vencidos os períodos menstruais e em outras situações como nos dias de resguardo, após os partos, observava as mulheres em obrigações oferecendo sacrifícios no templo e se banhando no *mikveh* (tanque doméstico) para se purificarem. Quanta vez já não teria, ela própria, feito isso?

• Aquela mulher doente era proibida de se dirigir a um homem. E, quando necessitava de algo, a resposta a ela era a mais sucinta possível.

• Verônica, por sua natureza, era considerada indiscreta, como todas as demais mulheres, não podendo ouvir conversas masculinas.

• Testemunhava as jovenzinhas serem vendidas pelos próprios pais, muitas vezes, como escravas ou concubinas. Quanto material teve ela para as suas lucubrações e aprendizagem!

• Sem dúvida, entre lágrimas de sofrimento, Verônica analisava a situação da mulher em seus dias. Ela sabia que, quando à ocasião do casamento, de acordo a lei, a mulher jamais podia abandonar seu marido. No entanto, para ele, o abandono à companheira era plenamente aceito, de igual forma a poligamia, principalmente entre as pessoas de mais posses. Quem sabe ela própria não fora cruelmente abandonada? Pois o marido podia se divorciar da mulher, mas este direito não era outorgado à esposa.

• Se a mulher precisasse estar na rua, falando com outras pessoas, ou mesmo se ficasse à porta de sua casa, podia o marido repudiá-la sem qualquer compensação econômica. Verônica vivia nas ruas, falando com as pessoas em súplicas de auxílio. Quão indigna não era considerada!

• Ela não podia estar sozinha na cidade ou no campo, e um homem jamais deveria dar-lhe atenção.

• Assim sendo, Verônica era vista com repúdio, desdém, superficialidade, como instigação ao sexo e perigo, por essa razão tratavam de se afastar dela.

Narra-nos o evangelista Marcos que ela "havia doze anos tinha uma hemorragia, e que havia padecido muito à mão de vários médicos, e despendido tudo o que tinha, sem, contudo, nada aproveitar, pelo contrário, indo a pior". Analisando a situação da mulher àqueles dias, está fora de qualquer dúvida que a perda de seus haveres, em busca da cura e sem nada aproveitar, foi insignificante no roteiro de acerbos testemunhos e dores de Verônica.

Os padecimentos morais, e como ela os enfrentou, seguramente foram muito mais significativos no terreno da aprendizagem. Ela colhera e possuía um material valiosíssimo – por sua condição de mulher hebreia e por sua condição de mulher doente, maiormente por sofrer um fluxo contínuo de sangue.

Os doze anos de padecimentos de Verônica estão a nos dizer que ela completou um ciclo de aprendizagem. Foi o tempo completo para que o espírito expurgasse seus compromissos e colhesse valiosos ensinamentos, que culminaram com o célebre encontro com o Cristo. Assim sendo, tal encontro nada possuiu de fortuito. Chegara o tempo.

> A bíblia é um tratado cabalístico carecendo de conhecimento, sensibilidade e espiritualidade para ser interpretado, de Genesis ao Apocalipse. A cabala hebraica foi criada por rabinos judeus para interpretar os textos, palavras e números bíblicos, ela explica que Deus está em tudo. Nos textos hebraicos da bíblia os números, na maioria das vezes, não querem transmitir uma quantidade exata, um dado preciso, mas sim expressar uma realidade, um valor teológico, um dado simbólico. Há 72 nomes para o Criador, formados pela combinação de 3 letras cada uma delas expressa um atributo ou qualidade da natureza divina. O número 12, por exemplo, como resultado de quatro vezes o número 3 é um número completo. É o número da escolha: foram 12 as tribos israelitas, 12 elementos no colegiado apostólico de Jesus; 12 legiões de anjos (Mateus, 26:53). Os anciãos eram 24, completude de sabedoria. Explica-se: uma das principais fontes de ensinamentos da cabala é a Torá, a bíblia judaica. Acontece que não basta estudar o texto com atenção, buscando todas as camadas de significado contidas ali. É preciso ir além, fazendo uso da Guimátria[244], cujo nome pode ser ter duas significações: Guei (vale) e Mitúria (da montanha), quando na dúvida sobre algo na Torá essa dúvida equivale-se a uma difícil escalada. A numerologia judaica Gimátria transforma essa montanha em um

[244] Guematria, guemátria ou guimátria é o método hermenêutico de análise das palavras bíblicas somente em hebraico, atribuindo um valor numérico definido a cada letra. É conhecido como numerologia judaica e existe na Torá. O número 1, por exemplo, representa Deus.

> "vale" de compreensão. Segundo os cabalistas, a principal chave para desvendar os mistérios divinos estaria na combinação das letras do alfabeto hebraico com determinados números. Do ponto de vista da religião judaica, tudo o que existe, existiu ou vai existir está na Torá. Não é de espantar que as letras hebraicas estejam na base da Guimátria. Afinal, na visão dos cabalistas, Deus criou o mundo usando as 22 letras do alfabeto hebraico Vistas dessa maneira, as letras são muito mais do que simples rabiscos no papel: são representações gráficas das 22 energias primárias que, combinadas, originaram o mundo. O Gênese já dizia que o verbo divino foi o instrumento da Criação: Deus disse "Haja luz", e houve luz.[245]

Verônica "veio por detrás, entre a multidão, e tocou na sua veste. Dizia ela: 'Se tão somente tocar nas suas vestes, sararei'." Ou seja, ela possuía, intimamente, a convicção de que o seu tempo havia chegado. Conhecia as próprias superações e grandes renúncias, foi humilde e modesta, considerou-se em condições de ser agraciada pelo Médico Incomparável.

Contudo, até naquele momento de encerramento de um doloroso período de expiação, ela precisou vencer a grande multidão, que está a representar os antagonistas ao definitivo encontro da cura plena: o temor, o desprezo, a condenação, os irônicos reproches, as prevenções; todos são elementos que compõem a multidão que obstaculiza a chegada daquele que venceu a si mesmo, até a libertação final expressa no encontro com Jesus.

Aquela mulher que viera de uma longa jornada de angústias era frágil e extremante forte e obstinada, a um só tempo. E em nada expressava a 'mulher de seu tempo', recolhida às imposições preconceituosas de um regime patriarcal.

---

[245] ZUMERKORN, David. "Os Segredos da Guimátria". Disponível em : <http://judaismohumanista.ning.com/group/curiosidadesdomundojudaico/forum/topics/os-segredos-da-guimatria-por>. Acesso em: 09 dez. 2016.

Tocando nas vestes de Jesus, ficou imediatamente curada, fechando seu ciclo reencarnatório de sofrimentos. "Jesus, conhecendo que de si mesmo saíra poder, voltou-se na multidão e perguntou: 'Quem tocou nas minhas vestes?'" Evidentemente que Jesus sabia quem fora. Contudo, era imperativo o encontro do beneficiado com o benfeitor e que tudo fosse proclamado, dado que nem os discípulos conheciam quem tocara o Mestre. No entanto, ele ofereceu generosa e espontaneamente a "sua virtude" à mulher doente, oportunizando, depois, o anúncio dela para conhecimento de todos.

Foi de suma importância a proclamação do acontecido para a aglomeração, composta das mesmas pessoas que sempre repudiaram e desprezaram aquela mulher. Jesus oferecia, mais uma vez, o socorro e a lição.

Tantos tocavam nele, imploravam o seu socorro, queriam auxílio e restabelecimento de saúde. Contudo, não conseguiam os seus intentos. "Responderam-lhe os discípulos: Vês que a multidão te aperta, e dizes: Quem me tocou?". A lei do mérito define os renunciantes que espontaneamente se ajustaram aos padrões vibracionais da cura. A misericórdia observa as pelejas individuais sorvidas em silêncio. Entretanto, quem se encarcera no menor esforço desejando somente as benesses dificilmente irá receber da espiritualidade maior aquilo que, ainda, não consegue receber pelas vias da sintonia, da ressonância vibratória. A multidão que "aperta" Jesus apenas deseja, pela força e insistência, colimar os seus intentos, vazios de empenhos de cunho elevado. Mesmo que tocassem nas mãos do Mestre, jamais seriam curados.

> A desgraça e as provações fazem jorrar em nós as fontes de uma vida desconhecida e mais bela. A tristeza e o sofrimento fazem-nos ver, ouvir, sentir mil coisas, delicadas ou fortes, que o homem feliz ou o homem vulgar não podem perceber. Obscurece-se o mundo material; desenha-se outro, vagamente

> a princípio, mas que cada vez se tornará mais distinto, à medida que as nossas vistas se desprenderem das coisas inferiores e mergulharem no ilimitado. O gênio não é somente o resultado de trabalhos seculares; é também a apoteose, a coroação de sofrimento. De Homero a Dante, a Camões, a Tasso, a Milton, todos os grandes homens, como eles, têm sofrido. A dor fez-lhes vibrar a alma, inspirou-lhes a nobreza dos sentimentos, a intensidade da emoção que souberam traduzir com os acentos do gênio e que os imortalizou. É na dor que mais sobressaem os cânticos da alma. Quando ela atinge as profundezas do ser, faz de lá saírem os gritos eloquentes, os poderosos apelos que comovem e arrastam as multidões.[246]

Importante, indispensável mesmo, contextualizar a referência aos dias atuais. Por isso, nos perguntarmos: continuamos os mesmos? Queremos ganhar o céu, mas estamos dispostos a andar pelos caminhos que nos levam ao céu? Temos visto incontáveis corações sofredores aportando o espiritismo não somente em busca do entendimento para suas dores, mas, não poucas vezes, com o fito de se livrarem delas pelas oblações dos benfeitores espirituais.

"Quereis saber se vos quereis salvar? Vede se fazeis pela salvação o que costumais fazer pelo que muito quereis. E se esta é a verdadeira regra do querer, poucos somos os que verdadeiramente queremos salvar-nos. Queremos e não queremos. Em nenhum entendimento cabe esta contradição, e cabe nas nossas vontades..."[247]

Uma mulher que viveu há dois mil anos em meio a tremendos obstáculos sociais lega-nos precioso ensinamento quanto às leis divinas: compreender os fundamentos da reencarnação, das relações familiares, das enfermidades que nos acometem é de

---

[246] DENIS, Léon. *O problema do ser, do destino e da dor*. Rio de Janeiro: FEB, 1970, p. 208, cap. XXVI, "A Dor".

[247] SABBADINI, Helaine Coutinho. *Francisco de Assis, o Alter Christus*. Bragança Paulista: Lachâtre, 2014, p. 46., cap. 4, "De Perúgia a Spoleto".

fundamental importância para a cura essencial. Visar um corpo saudável fisicamente, tão só, não é o escopo do cristão da atualidade, mas abranger a sabedoria e a justiça divinas, que nada permitem imerecidamente, compreensão essa que antecipa a saúde almejada – suaviza a mente e as emoções.

"Ele lhe disse: 'Filha, a tua fé te salvou. Vai em paz, e sê sarada desse teu mal'." Eis o coroamento da submissão, da renúncia, da paciência, da fé dinâmica! Não temos notícias através dos escribas dos Evangelhos que Verônica reclamara da sua indigência, revoltando-se contra Deus; que respondesse o mal e o desprezo que recebera por doze anos consecutivos com o mesmo mal.

A perseverança, a fé, a certeza de que fazia o seu melhor levaram-na adiante na busca do êxito! E nos perguntamos: – o que foi de superior valia em nível espiritual: ser curada da mazela no corpo ou ter auferido valiosos anos de aprendizagem colimando um estado tal de saúde espiritual que permitiu uma saudável e feliz sintonia com o próprio Cristo?

E vós que recebeis – e vós todos recebeis – não assumais nenhum encargo de gratidão, a fim de não pordes um jugo sobre vós e vossos benfeitores.

> Procurai ver, primeiro, se vós próprios mereceis ser doadores e instrumentos do dom.
>
> Pois, na verdade, é a Vida que dá à Vida – enquanto vós, que vos julgais doadores, sois simples testemunhas.
>
> Antes, erguei-vos, junto com eles, sobre as asas feitas de suas dádivas;
>
> Pois se ficardes demasiadamente preocupados com vossas dívidas, estareis duvidando da generosidade daquele que tem a terra por mãe e Deus, por pai.[248]

---

[248] GIBRAN, Khalil. *O profeta*, Petrópolis: Vozes, 1975, p. 19.

14 - Photina de Samaria[249]

Jesus deixou a Judéia, retirando-se outra vez para a Galileia. E era-lhe necessário atravessar a província de Samaria... Cansado da viagem, assentara-se Jesus junto à fonte, por volta da hora sexta. Nisto, veio uma mulher samaritana tirar água. Disse-lhe Jesus: "Dá-me de beber"... Então, lhe disse a mulher samaritana: "Como, sendo tu judeu, pedes de beber a mim, que sou mulher samaritana" Replicou lhe Jesus: "Se conhecesses o dom de Deus e quem é aquele que te pede: dá-me de beber, tu lhe pedirias, e ele te daria água viva... aquele, porém, que beber da água que eu lhe der nunca mais terá sede; pelo contrário, a água que eu lhe der será nele uma fonte a jorrar para a vida eterna". Disse-lhe a mulher: "Senhor, dá-me dessa água para que eu não mais tenha sede, nem precise vir aqui buscá-la".[250]

Se sua mente é forte, se você se entregar a Deus e esquecer o corpo, poderá conservar a sua liberdade como filho de Deus.[251]

Paramahansa Yogananda

[249] ARAÚJO, Gilvan Leite. Jesus e a samaritana. In Revista de Cultura Teológica. 2016. p.234. Disponível em : <http://docplayer.com.br/29239467-Jesus-and-the-samaritan-woman.html>. Acesso em: 13 jan. 2018.

[250] Jo 4,3-15.

[251] YOGANANDA, Paramahansa. *A eterna busca do homem*. Los Angeles: Self-Realization, 2010, p. 411, cap. "Conserve a sua liberdade como filho de Deus".

Cerca de mil anos antes de Cristo, os israelitas viviam nas terras altas situadas a oeste do rio Jordão e se dividiam em doze tribos. O rei Saul unificou as tribos, sucedeu-lhe o filho Davi e sobreveio o neto Salomão. Ambos mantiveram essa coesão. Contudo, depois da morte de Salomão (930 a.C.), aconteceu uma ruptura. Os descendentes das dez tribos do norte da Palestina se unificaram formando o reino de Israel, também conhecido como o reino da Samaria, tornando-se a cidade de Samaria a capital da região também chamada Samaria (sec. IX a.C.). O restante das tribos, juntas, formaram o reino de Judá, seu vizinho.

Assim, os dois reinos edificaram seus específicos locais de culto: Judá, em Jerusalém; e Samaria em vários pontos, ao norte e ao sul, sendo os principais em Betel e Dan. À época não existiam locais permanentes para os cultos na região da Samaria.

É importante resgatar que os israelitas já eram monoteístas, criam no Deus único, não se entregavam às crenças politeístas, dado que Moisés[252] vivera à época do reinado do faraó Ramsés II (1279 a 1213 a.C.), no século 8 a.C. Tal ruptura entre os israelitas ocorreu cerca de três séculos mais tarde.

> O acontecimento mais importante da história do mundo foi a revolução que permitiu às camadas mais privilegiadas da humanidade passarem de antigas religiões, reunidas sob o vago nome de paganismo, para uma religião fundamentada na unidade divina, na trindade e na encarnação do filho de Deus. Essa conversão, a fim de que pudesse ser concretizada, levou quase mil anos. Para a formação dessa nova religião foram precisos pelo menos trezentos anos. A citada revolução teve origem no império de Augusto e de Tibério. Foi nessa época que viveu uma pessoa incomum que, por sua iniciativa ousada e pelo amor que

[252] Moisés (século XIII a.C.) – profeta hebreu criado, desde nascido, em nobre família egípcia dos Ramsés, tendo o seu próprio nome, Moshe, origem no nome de sua família, cujo significado é ‘filho’.

> soube inspirar, criou as bases e marcou o início da futura fé da humanidade.[253]

O encontro de Jesus com a mulher samaritana poderia ser descrito como "a vitória do Evangelho sobre os preconceitos socioculturais". Os judeus e samaritanos não se entendiam, pois, desde os tempos de Oséias, o último rei de Israel.

Aproximemo-nos da Samaria como a sentir, nela, a própria Photina – a mulher samaritana: andando isolada de todas as suas companheiras em busca de água e, ao meio dia, num horário impróprio para tal tarefa, pois o sol estava no zênite, ou a pino.

O mundo vivia as grandes conquistas; poderosos reis e imperadores disputavam terras em toda parte, em sangrentas investidas.

A história da Samaria ou de Photina – que observaremos como a mesma coisa – começa no ano 722 a.C., quando o poderoso rei assírio Salmanasar sitia a região por três anos, exilando muitos samaritanos para várias partes do império assírio, deixando lá somente os pobres, ao mesmo tempo, transportando estrangeiros para a Samaria.[254] Imediatamente, vieram oportunistas forasteiros e se fixaram na região devastada.

> O rei da Assíria trouxe gente de Babilônia, de Cuta, de Hamate e de Serfavaim, e a fez habitar nas cidades de Samaria, em lugar dos filhos de Israel; tomaram posse de Samaria e habitaram nas suas cidades.[255]

Da mescla com a população que havia ficado, surgiu uma nova raça denominada de samaritanos (nome derivado de Sa-

---

[253] RENAN, Ernest. *Vida de Jesus*. São Paulo: Martin Claret, 2004, cap. I, "Lugar de Jesus na história do mundo", §1º.

[254] 2Rs 17,3-6.

[255] 2Rs 17,24.

maria, a metrópole fundada por Onri, pai de Acabe, por volta de 880 a.C.).

E assim aconteceu que o monoteísmo judaico, adulterado, é enxertado com os cultos pagãos. O deus Assur, principal deus do panteão assírio, passa a ser cultuado na Samaria.

Quando uma parte dos judeus voltou à terra de seus pais que haviam sido deportados para a Babilônia em 586 a.C., observando a situação de prostituição de seu culto ao Deus Único, construíram um altar para o holocausto, fincando as bases de um templo. Entretanto as obras foram interrompidas pelos invasores.

Aqueles que regressaram ao lar buscaram, então, seus vizinhos no reino de Judá e imploraram:

> "Deixa-nos edificar convosco, porque, como vós, buscaremos o vosso Deus, como também já lhe sacrificamos desde os dias de Esar-Hadom, rei da Assíria, que nos fez subir para aqui". Receberam em resposta: "Nada tendes conosco na edificação da casa do nosso Deus".

Ante a inflexível resposta, antigas desavenças emergiram, assim como o antigo ódio. Num grande esforço, os samaritanos logo começaram a construir seu próprio templo, no monte Gerizim.

– Eis a samaritana Photina caminhando sozinha, ou seja, longe de suas companheiras, buscando o resgate do Deus apresentado a ela por Moisés. Sedenta, carregando o pesado fardo do abandono para torná-lo em cântaro para a busca da água viva.

Posteriormente viria Yohanan Hyrcanus, Hircano I, sumo sacerdote e membro da dinastia dos macabeus, submetendo tiranicamente aos samaritanos sua crença monoteísta. Mais uma vez, vilipendiando a devoção de Photina, a quem observamos como a mesma Samaria, destruindo o templo em 128 a.C. Os samaritanos, não obstante, continuaram adorando em cima da montanha, onde haviam erigido o templo sagrado.

– Eis a samaritana perseverante, ao meio dia, ou seja, quando podia e da melhor maneira que podia, insistindo entre dificuldades, avançando no intento de se dessedentar em Deus.

A aversão dos judeus para com os samaritanos pode ser vista ainda em João, 8,48 e no livro apócrifo de Eclesiástico, 50,25-26. E a mesma atitude por parte dos samaritanos, em Lucas, 9,51-53.

Como os seus dois antecessores, o rei macedônio Alexandre, chamado "o Grande", dominou a região cerca do ano 500 a.C., impondo a cultura e o politeísmo helenista sobre o monoteísmo, que se constitui no fundamento da doutrina filosófica, que abraçamos desde Allan Kardec: o espiritismo.

O legado macedônio de Alexandre, Antíoco VI Epifânio (175-163) estabeleceu rigorosa campanha de helenização da Samaria. Tomando o templo no monte Gerizin, dedicou-o ao deus helênico Zeus. A Samaria ou Photina, mais uma vez subjugadas, obrigaram-se a aceitar o despotismo daquele terceiro baal,[256] retrocedendo ou ocultando as próprias convicções de ordem superior.

Desse modo, à Samaria foram impostas várias reorganizações administrativas, culturais e religiosas tendo sido entregue, no ano 23 a.C., pelo poder romano a um seu cliente, junto com províncias romanas na Síria. Era ele Herodes Arquelau. Esse quarto, dos principais dominadores da Samaria, foi filho e sucessor de Herodes e o menos estimado de seus filhos. Extremamente cruel e despótico, ordenou matar muito rabinos judeus, inclusive membros de sua própria família. As queixas dos judeus foram tantas contra ele que, por fim, foi exilado. No Evangelho, ele é mencionado por Mateus.[257]

---

[256] Vocábulo hebraico que significa senhor, marido ou dono. Disponível em: <http://pt.wikipedia.org/wiki/Baal>. Acesso em: 23 abr. 2016.

[257] Mt 2.

Percebemos porque Photina, a mesma Samaria, ao encontrar com Jesus, estava assustada e solitária, infeliz e sedenta. Acreditando, no entanto, na vinda do Cristo anunciado.

Finalmente, no início da Era Cristã, no ano 7 d.C., é a vez da dominação do império Romano sobre a Samaria, fazendo-a província e tendo à frente o governador[258] Coponius, deixando os rastros do politeísmo romano sobre a cultura basilar judaica. A mulher samaritana, ou Samaria, é mais uma vez frustrada na sua ânsia do amor verdadeiro, vergastada e dominada pelo senhor do poder, pelo dono que a sobrepujava.

Poderíamos dizer que fatores outros propiciaram o encontro de Jesus com Photina: Jesus, com seus discípulos, buscava o encurtamento da distância até a Galileia, pois, sem exceção, os judeus se dirigiam a ela subindo pela margem oriental do rio Jordão e cortavam a Pereia para cruzarem novamente o rio ao norte da Samaria. Assim, atingiam seu destino. Eram seis dias de viagem, que se encurtariam pela metade caso cruzassem a Samaria. Mas, evidentemente, que não foi para encurtar a jornada que Jesus passou pela região.

"E era-lhe necessário atravessar a província de Samaria" afirmou o evangelista João; era imperativo para Jesus estar lá, independentemente de qualquer outro motivo. Lá ele possuía um valioso encontro com Photina, a mulher samaritana, e com a própria Samaria, que clamava por ajuda há quase oito séculos. O Mestre desejava ir por aquele caminho para chegar a Sicar de modo a atender a um compromisso divino junto ao poço de Jacó.

Valendo-nos do horário judaico, meio-dia, ou o horário romano, seis da tarde, constatamos que ambos eram inadequados para uma mulher estar só em busca de água, denunciando como ela estava desamparada, desolada desde muito tempo, pois, perto de Sicar havia muitos poços nos quais ela poderia buscar

258 Na realidade chamado 'praefectus' – prefeito.

água e as mulheres costumavam fazê-lo num horário mais fresco e em grupo, pois era mais seguro e mais adequado. Contudo, Photina estava deslocada de seus propósitos superiores no tempo e no espaço.

Ao encontrar o poço, ao mesmo tempo, depara-se com o repositório da água viva que verdadeiramente ansiava: Jesus.

O Mestre, em sua inexaurível generosidade, propõe o diálogo enaltecendo, primeiro, a água que sacia a sede do corpo, quando pede: "Mulher, dá-me de beber"

Outrossim, estabeleceu entre ele, judeu, e ela, samaritana, o diálogo de paz tão aguardado, até mesmo permitindo a ela expor suas angustiosas dúvidas quanto à proposta pacificadora, quando disse: "Como, sendo tu judeu, pedes de beber a mim que sou mulher samaritana?" A divisão começa a desaparecer... as subjugações multisseculares, os domínios despóticos e tirânicos dos vários senhores, donos ou maridos...

Solicitar aos discípulos irem comprar alimentos, sem dúvida, evidencia que barreiras de preconceitos entre os dois povos deveriam ser destruídas definitivamente. Enquanto ele, que pedia água fria do poço, de forma didática e amorosa, estava oferecendo água viva, ou seja, a si mesmo.

Jesus esclarece dizendo: "Se tu conhecesses o dom de Deus, e quem te pede de beber, tu lhe pedirias que te desse a água viva". O Mestre por excelência aviva a memória da mulher, fazendo-a recordar-se dos seculares sofrimentos e do que ela estava realmente buscando. E faze-o com todo amor.

Photina começa a perceber, a sentir a que novos raciocínios e sentimentos o encantador forasteiro a levava quando pergunta: "Senhor, tu não tens com que a tirar, e o poço é fundo; onde, pois, tens a água viva?". Ela percebe que, finalmente, poderia estar frente àquele a quem sempre buscara. O único que lhe poderia oferecer o definitivo lenitivo ao espírito. A mulher escutava, certamente, num maravilhoso enlevo da alma: "Qualquer que beber desta água (do poço) tornará a ter sede; mas aquele que beber da água que eu lhe der nunca mais terá sede, porque a água que eu ofereço jorra das fontes eternas".

Com que alegria ela não deve ter largado o cântaro ao lado e de joelhos ter suplicado: "Senhor, dá-me dessa água, para que não mais tenha sede".

Num sublime apelo, Jesus convida Photina, e a cada um de nós, a rever o próprio passado, os próprios erros e os acertos, num pleno reconhecimento daquilo que é indispensável mudar antes de seguir à frente. E não é por outra razão que ele pede: "Vai, chama o teu marido, e vem cá". Podemos compreender assim o convite de Jesus:

– Conclama, minha filha, tudo aquilo que te subjugou no passado; temores, dores, opressões, lágrimas, mágoas, rancores, porque sem uma revisão decisiva, sem uma consequente solução dessas questões, tu não poderás avançar no campo das aquisições espirituais.

Salmanasar, Hircano, Atíoco IV Epifânio, Herodes Arquelau e Coponius estão para os valores mais sagrados de crença monoteísta da Samaria assim como o sofrimento pela tirania; a dor pela agressão; a mágoa pela opressão; a tristeza pelo desrespeito e a revolta pelos muitos vilipêndios estão para a mulher samaritana. São os senhores da Samaria, são os maridos de Photina!

Sem a revisão do passado, não há como construir um venturoso futuro.

O nosso temor, incapacidade, ignorância ou autocompaixão nos poderiam levar a dizer: "não há nada a revisar!" Bem como revelou a samaritana: "Não tenho marido a chamar".

No entanto, o Todo Compassivo sempre nos leva ao pleno reconhecimento da necessidade de encontrar o que nos agrilhoa as almas; o que nos amarra as asas, impedindo o definitivo voo libertador. O veículo certo para obter do Alto o esclarecimento é o desejar profundo e sincero, é a prece sentida da alma. "E tudo o que pedirdes na oração, crendo, recebereis".[259]

Jesus permite se abram as comportas da alma da mulher samaritana, quando revela: "Disseste bem: não tenho marido; porque tiveste cinco maridos, e o que agora tens não é teu marido; isto disseste com verdade".

Elucubramos aquele momento do diálogo ao nosso modo: "Tu esqueceste, Photina, das ansiedades e dores antigas, da violência pelo poder que te macerou, da revolta que te invadiu contra o cruel despotismo, quando te foi arrancada a crença sagrada do Deus único, a basilar um venturoso futuro, rumo a novos horizontes de conhecimento? Agora tu tens por companheiro o isolamento e a tristeza, desnorteada em teus valores espirituais! Este estado de alma não pode te dominar, não deve ser teu dono. O que agora tens não é teu marido, não é teu senhor, não pode ser mais uma vez o teu dono!"

De forma alguma vislumbramos as palavras de Jesus àquela mulher como um julgamento à sua vida moral, pois jamais ele o fizera a qualquer mulher. A partir do estudo profundo e da meditação sobre a história religiosa da Samaria, que é a mesma Photina, observamos o quanto ela foi, sim, vítima de dolorosas circunstâncias educativas para o espírito. Lamentamos quando observamos incontáveis estudiosos – de várias frentes doutrinárias e religiosas – atribuindo a ela o papel de mulher desregrada e promíscua; e a Jesus, rude assertividade, que jamais foi comum à sua sublimidade espiritual.

A mulher samaritana, numa postura de alma iluminada (Photina significa iluminada), gradualmente, reconhece a condição do Mestre e o afirma, ao mesmo tempo em que pede novas diretrizes: "Senhor, vejo que és profeta. Nossos pais adoraram neste monte Gerizin, e vós dizeis que é em Jerusalém o lugar onde se deve adorar".

---

[259] Mt 21-22.

Deste modo, chega o grande momento aguardado, o motivo pelo qual era necessário a Jesus passar por Samaria. Após séculos para aquela sociedade de almas em experimentos evolutivos, representada por Photina, era hora de retomar o caminho da compreensão espiritual. E não é por outra razão que o Mestre afirma: "Crê-me que a hora vem, e a agora é, em que nem neste monte nem em Jerusalém adorareis o Pai... Importa que os que o adoram o adorem em espírito e em verdade".

Finalmente, para Photina, o encontro com a verdade: "Eu sei que o Messias vem; quando ele vier, nos anunciará tudo". E Jesus se anuncia: "Eu o sou, eu que falo contigo". E a mulher samaritana sorve – em pleno júbilo espiritual – a água viva que jamais a faria novamente ter sede.

Como o Evangelho é um magnífico oceano, de infinitas possibilidades, a ser singrado, em sua grandiosa superfície, e descoberto, em sua infinita profundeza, podemos observar os cinco maridos da mulher samaritana, ou seus cinco senhores, como as imperfeições que têm sobrepujado o espírito aos grilhões dos infortúnios.

- O egoísmo
- O orgulho
- A vaidade
- A cupidez
- As paixoes inferiores.

Ensinam-nos os orientadores da vida maior que "a moral dos espíritos superiores se resume, como a do Cristo, nesta máxima evangélica: agir para com os outros como quereríamos que os outros agissem para conosco; isto é, fazer o bem e não fazer absolutamente o mal. O homem encontra neste princípio a regra universal de conduta para suas pequenas ações. Eles nos ensinam que o egoísmo, o orgulho, a sensualidade são paixões que nos aproximam da natureza animal, prendendo-nos à matéria; que o homem que, ainda neste mundo, se desligue da matéria através do desprezo às futilidades mundanas e do amor ao próximo, aproxima-se da natureza espiritual..."[260]

O interesse pessoal, vincado no egoísmo, é a cabal predominância da matéria sobre o espírito, sendo colossal obstáculo para a evolução espiritual. Os benfeitores associam a ele o orgulho, sendo ambos os maiores obstáculos ao progresso. Estes dois senhores têm submetido o gênero humano, que possui como arquétipo Photina de Samaria. Quanta paralisação, por séculos e séculos, quando a individualidade perfectível se deixa dominar pelo egoísmo e pelo orgulho! Estas duas mazelas estão a expressar os rigorosos senhores, donos da vontade consciente, cerceando as escolhas felizes, acaudilhando mesmo muitas outras imperfeições.

"O homem, frequentemente, só é infeliz pela importância que dá às coisas deste mundo; a vaidade, a ambição e a cupidez frustradas é que fazem sua infelicidade. Se ele se coloca acima do círculo estreito da vida material..."[261] A cupidez tem feito milhares soçobrarem nos estágios terrenos. Cega e insensível, não mede esforços para tingir os seus objetivos políticos, de poder em diversas frentes, nos tolos destaques sociais. Pela cupidez, os valores mais sagrados da amizade, da lealdade, do dever e mesmo da família têm sido vilipendiados.

O orgulho é associado, pelos orientadores maiores, à avareza e à ambição fazendo com que o incauto, a elas submetido, veja sempre o ouro que não pode possuir, invejando as honras alheias. Os cativos da devassidão observam sempre as orgias, a libertinagem e a sexualidade desassociada do compromisso e da

---

[260] KARDEC, Allan. *O livro dos espíritos*. Ed. Especial. Rio de Janeiro: FEB, 2006, "Introdução ao Estudo da Doutrina Espírita", item VI.

[261] KARDEC, Allan. *O livro dos espíritos*. Ed. Especial. Rio de Janeiro: FEB, 2006, "Penas e Gozos Terrestres", cap. I, questão 933.

responsabilidade, as ambicionam quando, a elas, não se entregam abertamente... Ao redor dessas paixões inferiores orbitam outras: a cobiça, o ciúme, a maledicência.[262]

"O orgulho é considerado o pai de muitos vícios, o orgulho é também negação de muitas virtudes. Ele se encontra na base e como móvel de quase todas as ações humanas. Essa a razão porque Jesus se empenhou tanto em combatê-lo como principal obstáculo ao progresso".[263]

Photina – o arquétipo do espírito matriculado em milhares de ensaios evolutivos.

Os cinco senhores, ou maridos – as imperfeições que têm obstaculizado o encontro de Photina (espírito) com a Verdade (Jesus).

> Quanto à humanidade, sua história não é mais que um longo martirológio. Através dos tempos, por cima dos séculos, rola a triste melopeia dos sofrimentos humanos; o lamento dos desgraçados sobe com uma intensidade dilacerante, que tem a regularidade de uma vaga. A dor segue todos os nossos passos; espreita-nos em todas as voltas do caminho.
>
> E diante dessa esfinge que fita com seu olhar estranho, o homem faz a eterna pergunta: Por que existe a dor? É, no que lhe concerne, uma punição, uma expiação, como o dizem alguns? É a reparação do passado, o resgate das faltas cometidas? Fundamentalmente, a dor é uma lei de equilíbrio e educação. Sem dúvida, as falhas do passado recaem sobre nós com todo o seu peso e determinam as condições de nosso destino.[264]

---

[262] Vide questão 972 de *O livro dos espíritos*.

[263] KARDEC, Allan. *O evangelho segundo o espiritismo*. 120ª ed. Rio de Janeiro: FEB, 2002, cap. X, item 10.

[264] DENIS, Léon. *O problema do ser, do destino e da dor*. Rio de Janeiro: FEB, 2013, p. 207, cap. XXVI, "A Dor", §3º e §4º.

15 - Maria Salomé

Algumas mulheres estavam observando de longe. Entre elas estavam, Maria Madalena, Salomé e Maria, mãe de Tiago o mais jovem e de José.[265] E, passado o sábado, Maria Madalena, e Maria, mãe de Tiago, e Salomé, compraram aromas para irem ungi-lo. E, no primeiro dia da semana, foram ao sepulcro, de manhã cedo, ao nascer do sol.[266] E junto à cruz de Jesus estava sua mãe, e a irmã de sua mãe, Maria mulher de Clopas, e Maria Madalena.[267]

É necessário sofrer para adquirir e conquistar. Os atos de sacrifício aumentam as radiações psíquicas. Há como que uma esteira luminosa que segue, no espaço, os Espíritos dos heróis e dos mártires. Aqueles que não sofreram mal podem compreender essas coisas, porque neles só a superfície do ser está arroteada, valorizada. Há falta de largueza em seus corações, de efusão em seus sentimentos; seu pensamento abrange horizontes acanhados. São necessários os infortúnios e as angústias para dar à alma seu aveludado, sua beleza moral, para despertar seus sentidos adormecidos.[268]

Léon Denis

[265] Mc 15,40.
[266] Mc 16,1-2.
[267] Jo 19,25.
[268] DENIS, Léon. *O problema do ser, do destino e da dor*. Rio de Janeiro: FEB, 2013, p. 285, cap. XXVI, "A Dor".

Sobressai aos nossos olhos, novamente, a figura de Maria Salomé, que, além de irmã de Maria de Nazaré, foi uma das seguidoras de Jesus e mãe do discípulo amado de Jesus, João, que reencarnaria cerca de doze séculos mais tarde na região da Úmbria como Francisco de Assis.

Maria Salomé foi uma das mulheres que ouviu a primeira preleção de Jesus às margens do lago Tiberíades, junto com seus dois filhos, Tiago e João, estes já seguidores de João Batista. Salomé, igualmente, foi um dos vultos femininos que esteve inflexível ao pé do madeiro, no ápice da entrega do Cristo, em amor, humildade e testemunho de resignação supra-humanos.

Por estas razões, conferimos a Salomé, antecipadamente, grande reverência.

As referências a ela nos Evangelhos, a nosso ver, são bastantes expressivas – exuberantes, não em quantidade de palavras, mas na essência do que ela representou.

Maria de Magdala, no processo natural a todo espírito, de despertamento e de anseio pela luz no realinhamento da trajetória evolutiva, buscou ansiosa Jesus.

A mulher adúltera foi lançada forçosamente e esse entendimento através dos baques comuns a todos os espíritos que, através dos erros e das dores, são advertidos à necessidade do despertamento para valores diferentes.

A viúva de Naim, a mulher cananeia e a mulher hemorroísa, vivendo ainda nos processos de maior entendimento espiritual, alongam-se ao Cristo pelo impositivo das macerações físicas, impelidas pelas dolorosas forças do conforto imediato.

Marta e Maria, irmãs de Lázaro; Photina (a mulher samaritana) e Joana de Cuza procuram na companhia do Mestre a luz e o lenitivo para as aflições de cunho pessoal, doméstico ou emocional, para somente depois – sob o sublime influxo dele – vislumbrarem que a redenção encontra-se nos pisos dos empenhos genuinamente íntimos, espirituais e não periféricos.

Contudo, Maria Salomé, como sua irmã Maria, mãe do Messias, e a viúva de Jerusalém, que espontaneamente depositou tudo o que possuía no gazofilácio, na qualidade de espíritos já clarificados por relativo entendimento, foram cooperadoras naturais no círculo da disseminação do Evangelho. Nada suplicaram de Jesus que lhes viesse abrandar as lutas redentoras. Incondicionalmente levantaram-se, superconscientes, desempenhando as suas funções genuinamente espirituais.

É fora de dúvida que o Mestre, em suas capacidades espirituais superlativas, identifica esse discernimento nela e nos filhos. Por isso, no dia imediato à pregação às margens do Tiberíades, é Jesus quem se estende em amoroso convite aos jovenzinhos galileus para comporem o seu grupo eleito.

Os rapazes, com as almas transbordantes de júbilo, retornam ao lar para notificar à genitora o maravilhoso convite. Como em toda natureza humana, o que primeiro responde é a emoção, o sentimento, expresso na alma feminina da mãe, Salomé, que se desvinculou por momentos dos campos das cogitações espirituais coerentes – em sua qualidade de mãe muito zelosa – permitindo que um turbilhão de emoções eclodissem a denunciarem a delicada relação, para o espírito encarnado, entre emoção e razão nas linhas reeducativas da escola planetária.

Humberto de Campos, espírito, através da mediunidade de Francisco Cândido Xavier, no livro *Boa Nova*, oferece-nos riquíssimos detalhes sobre a família de Salomé, inclusive descrevendo aspectos que vão além dos escritos no Novo Testamento. Deste modo, vemos que esta família judia era formada pelo pai, Zebedeu, a esposa, Salomé e dos dois jovens filhos, Tiago e João, aderentes aos ensinamentos de João, o Batista, seguindo a risca os preceitos e formalidades impostos pelas leis mosaicas.

Quanto à busca dos jovens, primeiro, pela mãe duas situações saltam aos nossos olhos diante desse fato: ao se dirigirem primeiro à mãe, acontecimento natural em nossas vidas quando algo extraordinário envolve as emoções, buscam a segurança emocional, pois o sentimento verdadeiro é sempre o porto seguro, o algodão do amor a apaziguar os impactos e desafios que surgem na vida.

A segunda situação é que Salomé, como toda mulher da época, era reconhecida como subserviente na sociedade. Entretanto, na intimidade do lar, desfrutava de uma posição diferente em presença do esposo e dos filhos, o que representa avanço de compreensão espiritual por parte do patriarca Zebedeu e de seus filhos.

Este aspecto torna-se evidente quando é ela quem se dirige ao Mestre a rogar uma posição para os seus filhos no seu, possível, futuro reinado, e não o marido. Posteriormente um pouco confusa diante das revelações oferecidas a ela pelo Mestre, em respostas às suas indagações, volta ao lar e solicita a presença de seu marido para, juntos, anuírem o engajamento de seus filhos no trabalho evangélico. Sentimento aliado à compreensão, à razão.

Esclarece-nos com muita propriedade o espírito Humberto de Campos, na obra supracitada, que Salomé era uma mulher perspicaz e acompanhava a situação político-administrativa de seu povo, ouvindo desde há muito que uma revolução insurgiria para derrubar Herodes Ântipas. "Quem sabe os dois filhos não poderiam participar de forma ativa neste novo reinado?", pensava a mãe cuidadosa do futuro de seus filhos. E qual mãe não anseia para a sua prole um futuro de conquista e bem-estar na sociedade em que convive?

Assim fez Salomé: "Então se chegou a ele a mulher de Zebedeu com seus filhos, adorando-o e pedindo-lhe um favor". A forma de se dirigir ao Mestre é profundamente significativa. Adorou-o e pediu-lhe um favor. A adoração é um ato de respeito diante daquele que lhe é superior. É a identificação de sua posição e o reconhecimento da superioridade moral do outro. Aproximação feita com o fito de estabelecer intimidade e confiança, atributos indispensáveis para a sedimentação do trabalho no bem. Um favor é algo solicitado que pode ser aceito ou não, com ressalvas ou de forma integral. Diante de Deus, somos todos pedintes, necessitados de sua magnificência e misericórdia. Assim sendo, através da oração sincera, nos aproximamos da divindade ou daqueles que a representam para pedir, louvar ou agradecer. Podemos pedir para nós ou, por interseção, por outrem.

"Jesus perguntou-lhe: 'Que queres?' E ela respondeu: 'Manda que estes meus dois filhos se assentem; um à tua direita, e outro à tua esquerda, no teu reino'." Entrevemos, a princípio, uma grande dose de ousadia e, ao mesmo tempo, a consciência de Salomé do poder investido por Jesus.

Quando Salomé utiliza-se do verbo no imperativo; 'manda', reconhece que uma simples ordenação do Mestre bastaria para a realização do pedido. Jesus, como Cocriador de Deus,[269] é detentor de toda a ciência e estatura espiritual necessárias para a condução do planeta aos seus supinos objetivos, consequentemente, de todos a ele vinculados. Bastaria uma palavra e os céus se moveriam para a realização, haja vista ser Jesus um espírito perfeito com plena dominação dos efeitos sobre a matéria densa.

Lembramos o episódio narrado pelo evangelista Marcos, no capítulo quarto de seus escritos, quando Jesus, com duas palavras ordenou à tempestade e aos ventos: "calai, emudecei" e abrandam até cessarem por completo.

Salomé ajuizava que, pela abertura que o Mestre oferecera através do caricioso convite aos seus filhos, que eles muito bem poderiam se assentar ao lado dele; um à sua esquerda e o outro à sua direita.

O desejo de se ver, ou ver os seus, nos postos mais altos do prestígio humano, na administração de um governo, por exemplo, ainda é o anseio natural de milhares no mundo materialista,

---

269 XAVIER, Francisco Cândido (médium); Emmanuel (espírito). *A caminho da luz*. 29ª ed. Rio de Janeiro: FEB, 2002, cap. I – "A Gênese Planetária", "O Divino Escultor", p. 21.

onde os cargos hierarquicamente superiores sobrepujam os demais, capturando respeito, admiração e subserviência pelo poder e a autoridade. Contudo, sob o 'governo' do Mestre Jesus, as posições são infinitamente diferentes. Não existem hierarquias e privilégios, senão aqueles auferidos pelos valores exclusivamente morais. O espírito superior age com integral responsabilidade, ilimitado amor e misericórdia, consciente de seu compromisso de orientador àqueles aos quais dirige.

O verdadeiro cristão sabe que prestará contas às leis superiores dos compromissos recebidos. Age de forma a beneficiar a todos sob a sua tutela moral, pois as distinções sociais, políticas, intelectuais nada significam diante de Deus.

João e Tiago, os dois filhos de Salomé. O número dois é simbológico. Representa a dualidade ainda presente em todas as vidas. Num futuro venturoso, todavia, nos identificaremos com o uno, na integralidade, característica dos espíritos de escol, tal o apóstolo Paulo revelou ser com o Cristo: "Já não sou eu que vivo, mas o cristo que vive em mim"[270] e o próprio Cristo revelou ser com Deus: "Eu e o Pai somos um".[271]

Nos patamares de evolução em que nos encontramos nos pisos terrenos, ainda temos a necessidade do mal para valorizarmos o bem; da doença para valorarmos a saúde; da queda para valorarmos a ascensão e assim sucessivamente até que, no passar das múltiplas experiências reencarnatórias, a identificação com o lado positivo nas ações se torna cada vez maior.

Emmanuel nos diz que duas asas nos conduzirão às magnificências da luz, do amor e da evolução espiritual;

> O sentimento e a sabedoria são as duas asas com que a alma se elevará para a perfeição infinita. No círculo acanhado do orbe terrestre, ambos são classificados como adiantamento moral e

[270] Gl 2,20.
[271] Jo 10,30.

> adiantamento intelectual, mas, como estamos examinando os valores propriamente do mundo, em particular, devemos reconhecer que ambos são imprescindíveis ao progresso, sendo justo, porém, considerar a superioridade do primeiro sobre o segundo, porquanto a parte intelectual sem moral pode oferecer numerosas perspectivas de queda, na repetição das experiências, enquanto o avanço moral jamais será excessivo, representando o núcleo mais importante das energias evolutivas.[272]

Tiago e João são a comprovação do que necessitamos aprender para assentarmos lado a lado com o Cristo no seu reino de amor para que nos plenifiquemos com os propósitos da Divindade e, um dia, afirmemos como Jesus: "Meu Pai trabalha até hoje e eu também".[273] Não existe, no reino de Deus, a paz das horas vazias, mas a compreensão da fraternidade universal, lei inexorável que rege o universo.

É interessante verificar, como expressão didática, que Salomé teve dois filhos, enquanto Maria de Nazaré, somente um. Enquanto estivermos no estágio espiritual representado por Salomé, na luta por superar os pontos negativos, ainda vivos na alma, estaremos nas lutas do caminho para um dia sermos cocredores com Deus, como o filho único de Maria, a significar o império exclusivo da verdade, da luz e da cristandade em nossa vivência interior.

Salomé foi questionar a Jesus com interesse ainda vinculados à sua família de sangue, enquanto Maria se entregou integralmente à plenificação do amor em prol da humanidade quando se ofereceu: "Eis aqui a serva do Senhor".[274]

Vários ensinamentos de Jesus trazem o contexto de reino, o que implica hierarquia. Nas questões 100 e adjacentes de *O livro*

---

272 XAVIER, Francisco Cândido (médium); Emmanuel (espírito). *O consolador*. 29ª ed. Rio de Janeiro: FEB, 2007, questão 204.
273 Jo 5,17.
274 Lc 1,38.

dos espíritos, Kardec deixa bem claro a importância da conscientização do processo de hierarquia moral que existe no mundo espiritual. O respeito e a compreensão dos seus aspectos mais importantes habilitam-nos a sermos trabalhadores na seara do Evangelho. Ferdinand, espírito protetor, em mensagem em *O evangelho segundo o espiritismo,* nos esclarece que a inteligência, atributo do homem na Terra é oferecida com o objetivo de promover o progresso. "Não vos ensoberbais do que sabeis, porquanto esse saber tem limites muito estreitos no mundo em que habitais".[275] Assim, a Terra, planeta de provas e expiações, está no segundo degrau da hierarquia dos mundos, enquanto outros mais avançados se enchem de esplendor nos céus infinitos.

"Mas Jesus replicou a Salomé: 'Não sabeis o que pedis. Antes de tudo, é preciso saber se eles quererão beber do meu cálice!...'"[276] Embora toda a dedicação e ternura do coração materno, o Mestre afirma que ela não sabia o que pedia. Bem possível que desejasse bem mais do que os filhos poderiam realizar.

Esclarece-nos o espírito Emmanuel na obra *Pensamento e vida*: "Ninguém pode ultrapassar de improviso os recursos da própria mente, muito além do círculo de trabalho em que estagia".[277] Jesus, com conhecimento superlativo dos destinos e comprometido em levar todas as ovelhas ao aprisco seguro de Deus, conhecia o verdadeiro potencial e a capacidade moral-espiritual de seus discípulos para se desincumbirem de suas tarefas. Muitos de nós desejamos a grandiosa sensibilidade mediúnica de um Chico Xavier, mas poucos se habilitam aos esforços e sacrifícios impostos para tal. Renúncias e abnegações, esqueci-

[275] KARDEC, Allan. *O evangelho segundo o espiritismo*. 120ª ed. Rio de Janeiro: FEB, 2002, cap. VII, "Missão do Homem Inteligente na Terra. instruções dos espíritos". item 13. Mensagem do espírito Ferdinand, em Bordeaux – 1862.

[276] XAVIER, Francisco Cândido (médium); CAMPOS, Humberto de (espírito). *Boa Nova*. Rio de Janeiro: FEB, 1999. A família de Zebedeu.

[277] Xavier Francisco, Cândido (médium). Emmanuel (espírito). *Pensamento e vida*. Brasília: FEB, 2005, p. 13, cap. 1, "O Espelho da Vida".

mento de si mesmo, de forma integral no trabalho incansável de lenir as dores dos que sofrem e amor incondicional espelhado nas ações do Mestre Jesus.

Diz o adágio popular: "Quando o pai quer castigar o filho, atende os seus pedidos". E Jesus, a expressar o amor que educa e edifica, expõe firmemente àquela mãe, que não sabia o que pedia, os requisitos e condições indispensáveis para estar ao seu lado. Não podia, inclusive, desejar para os filhos seus anseios particulares de realização. Cada um se esforça e se compromete no estágio espiritual em que se encontra para laborar na causa divina.

Em *O livro dos espíritos*,[278] encontramos a seguinte explanação dos espíritos: "Tudo em a natureza trabalha. Como tu, trabalham os animais, mas o trabalho deles, de acordo com a inteligência de que dispõem, se limita a cuidarem da própria conservação".

Todos nós concorremos para a harmonia do universo. Cada qual, porém, na capacidade que lhe é peculiar. Almejar sem condições necessárias, de modo a corresponder à demanda na tarefa e suas exigências, é querer sem saber, efetivamente, o que se quer. Os arroubos do amor nos levam a tais situações, mas o contrapeso da razão torna-se imprescindível nestes momentos. Não foi por outro motivo que Salomé, na representação do lado feminino, sentimental e intuitivo, retorna ao seu lar para solicitar apoio de seu marido, Zebedeu, como já abordado acima, a configurar a razão que pensa, mede, raciocina e pondera.

Ante a reflexão – Zebedeu, e sem o entusiasmo emocional –, Salomé, os rapazes responderam: "Sim, Senhor, estamos dispostos a beber desse cálice". O impulso que cada ser guarda dentro de si para alcançar o determinismo da perfeição permite aceitar os caminhos imprescindíveis para tal cometimento, ainda que árduos.

---

[278] KARDEC, Allan. *O livro dos espíritos*. Ed. Especial. Rio de Janeiro: FEB, 2006, Livro III, cap. 3, Lei do Trabalho, questão 677.

Assim, quando no plano espiritual, ao se planejar as reencarnações, não poucas vezes pedem-se esforços bem maiores do que as forças podem suportar, pois o anseio de liberdade na aquisição de paz interior conclama, em alta voz nas consciências, à superação dos limites inferiores que sujeitam os espíritos. Os benfeitores espirituais, responsáveis por nossa condução nos caminhos do bem e do progresso, ponderam conclamando ao amenizar das provas.

O apóstolo Pedro, em sua primeira carta, menciona: "O amor cobre a multidão dos pecados". Imperioso, pois, confiar, amar e servir sem cessar, cada um fazendo a sua parte, e os céus ajudarão. Deus não dá fardos pesados a ombros fracos.

O convite terno do Messias ainda se estende amoroso: "Vinde a mim, todos os que estais cansados e oprimidos, e eu vos aliviarei. Tomai sobre vós o meu jugo, e aprendei de mim, que sou manso e humilde de coração; e encontrareis descanso para as vossas almas. Porque o meu jugo é suave e o meu fardo é leve". [279] Amai sem medo! Sede refletores do bem maior em prol dos necessitados! Enxugai lágrimas, levantai caídos e confortai corações!

Cada um de nós, como Salomé, recebe a explanação de Jesus a clarificar o entendimento: "Na verdade, haveis de beber o meu cálice; mas o tomar assento à minha direita ou à minha esquerda, não me pertence concedê-lo, porém será dado àqueles para quem está destinado por meu Pai". Jesus confirma a lei divina de causa e efeito, a lei do mérito, expondo que as provas serão proporcionais à necessidade de ajustes diante das leis superiores.

Confirma o Mestre que aquele que deseja segui-lo haverá de sofrer pelos árduos esforços nos empreendimentos superiores. Hão de caminhar numa contracorrente da natureza rude e ignorante, em maioria, dos espíritos que povoam a Terra. A resposta

[279] Mt 11,28-30.

à fidelidade, ao amor incondicional e à justiça superior, em um mundo que não prima por tais virtudes, é o sofrimento.

"No mundo tereis aflições"[280] afirmaria o mesmo João, filho de Salomé, depois de muitos anos transcorridos no labor do Evangelho, provando incontáveis vezes do cálice amargo das incompreensões humanas.

Avançai intimoratos, obreiros do bem, pois os clarins já anunciam o nascer da luz sobre as trevas, o desvelar da verdade sobre a ignorância. Armai-vos com o escudo da fé e propagai, por toda parte, que o amor é de origem divina, eterno e poderoso.

O trabalho para aquele que decide seguir o caminho do bem e da verdade está afiançado. Mas o gozar do privilégio de se assentar à direita ou à esquerda do Mestre, no reino da luz, pertence a cada de acordo com seu comprometimento com o Supremo. O liame é a consciência onde as suas leis dormitam. Já ensinava Paulo ao seu filho espiritual, Timóteo: "O que trabalha na palavra e na doutrina... é digno esse obreiro do seu salário".[281] E este salário é o de comungar ativa e conscientemente na obra de regeneração a que estamos, todos, convidados.

Ideamos que muito bem poderiam ser estas as palavras de Salomé para Jesus, já clarificada pela compreensão: "Bendito sejas, Cordeiro da Mansuetude. Aceita-nos como misérrimos colaboradores em tua vinha e faze de nós instrumentos de paz e harmonia diante daqueles mais necessitados do que nós".

Salomé – desde a simbologia de Eva – a expressar, na mulher, intuição e a emoção – sente premente necessidade de se realinhar intimamente nos pisos seguros da fé raciocinada, que delineia com lucidez as lutas a serem enfrentadas.

Não é por outra razão, repetimos, que essa dualidade – razão e sentimento – não pode se desatrelar no terreno da evolução espiritual. Conhecimento vasto a ornamentar o cérebro, ciências e

[280] Jo 16,33.
[281] 1Tm 5,17-18.

riqueza de informações, tecnicismo, intelectualismo e domínio das letras jamais garantirão um avançar seguro na senda linear rumo à perfeição. Ao mesmo tempo, os sentimentos mais valiosos e transbordantes de caridade, se não forem regidos pelo norteamento da razão, podem, muitas vezes, se perder na prodigalidade inútil. Por isso, Jesus afirmou: "Não deis aos cães o que é santo, nem lanceis ante os porcos as vossas pérolas, para que não as pisem com os pés e, voltando-se, vos dilacerem".[282]

Quantas mães, avós ou irmãs, herdeiras do sensível psiquismo de Eva, perdem-se nos cuidados excessivos aos seus pequenos entes amados! E quantos deles se perdem no comodismo e no menor esforço, em função do excessivo zelo!

Recorramos, pois, forrando-nos dos equívocos, ao ensinamento basilar contido nos Dez Mandamentos da Lei Mosaica,[283] no intuito de resgatar que esse rígido código possui somente duas recomendações (honrar pai e mãe e guardar o dia de sábado) e oito severas proibições, advertências, próprias às almas infantis ou em recuperação espiritual.

Assim, se já não somos crianças em espírito, conforme pensávamos e vivíamos ao tempo dos ensinamentos mosaicos; se já atravessamos a maturidade espiritual na restauradora e amorosa convivência com Jesus, compreendemos que a Terceira Revelação nos confere ainda mais responsabilidade, pois nos remete à maioridade. Torna-se imprescindível ao espírito em ensaios evolutivos no planeta utilizar as potencialidades femininas da sensibilidade, do sentimento, da doçura, de modo a laborar no terreno íntimo a feliz união da justiça, do amor e da verdade. Compreendendo, mas, sobretudo, sentindo o Cristo como o caminho, a verdade e a vida,[284] o roteiro único de retorno à luz.

---

[282] Mt 7,6.

[283] Ex 20,1-17.

[284] Jo 14,6. "Disse-lhe Jesus: Eu sou o caminho, e a verdade e a vida; ninguém vem ao Pai, senão por mim".

A paz da consciência pura e a resignação suprema à vontade de meu Pai são do meu reino; mas os homens costumam falar de uma paz que é ociosidade de espírito e de uma resignação que é vício do sentimento. Trago comigo as armas para que o homem combata os inimigos que lhe subjugam o coração e não descansarei enquanto não tocarmos o porto da vitória. Eis por que o meu cálice, agora, tem de transbordar de fel, que são os esforços ingentes que a obra reclama.[285]

[285] XAVIER, Francisco Cândido (médium); CAMPOS, Humberto de (espírito). *Boa Nova*. Rio de Janeiro: FEB, 1963, p. 32.

REFERÊNCIAS

ARAÚJO, Gilvan Leite. *Jesus e a samaritana. In* Revista de Cultura Teológica. 2016. p.234. Disponível em : <http://docplayer.com.br/29239467-Jesus-and-the-samaritan-woman.html>. Acesso em: 13 jan. 2018.

ASHERI, Michael. *O Judaísmo vivo: tradições e leis dos judeus praticantes*. Rio de Janeiro: Imago, 1995.

AVOT, Rabino Pikei – 5:21 - *Sefaria* é uma livraria *on line*, aberta, de conteúdos e textos judeus. Disponível em: <https://www.sefaria.org>. Acesso em: 15 jan. 2018.

BARBAS, Helena. *Madalena, história e mito*. Portugal: Ésquilo Edições & Multimídia, 2008.

BARNABÉ, Evangelho de. Disponível em: <http://www.autoresespiritasclassicos.com>. Acesso em: 10 abr. 2018.

BARON, Salo Wittmayer. *Historia Social y Religiosa del Pueblo Judio Época Antigua*. v. 1. Buenos Aires: Paidós, 1968.

BAUER, W. *Das Leben Jesu Im Zeitalter Der Neutestamentlichen Apokryphen*. German: Wissenschaftliche Buchgesellschaft. Pseudo-Clem. Rom., II EP, COR IV, 5. German. 1967. p. 384.

CASONATTO, Odalberto Domingos; VIEBRANTZ, Rosalir. Jesus e as Mulheres, As Mulheres nos Evangelhos Sinópticos. Disponível em: <http://www.abiblia.org/ver.php?id=1623>. Acesso em: 20 jan. 2018.

CYPRIANUS, Tascius Caecilius. Pseudo-Cyprian's Liber de Montibus Sina et Sion (De Duobus Montibus). *Biblical Citations and the Agraphon.* Disponível em : <https://www.catholiclibrary.org/library/>. Acesso em: 08 abr. 2018.

DAVID, J. Goldberg; RAYNER, John D. *Os judeus e o Judaísmo.* Rio de Janeiro: Xenon, 1989.

DELUMEAU, Jean. *História do medo no ocidente.* São Paulo: Companhia das Letras, 1989.

DENIS, Léon. *O problema do ser, do destino e da dor.* Rio de Janeiro: FEB, 1970.

DIAMANT, Anita. *A tenda vermelha (The Red Tent).* Rio de Janeiro: Sextante, 2001.

FELDMAN, Sérgio Alberto. A mulher na religião judaica. Disponível em: http://www.ucs.br/etc/revistas/index.php/metis/article/view/810. Acesso em: 8 nov. 2016.

FELIPE. *O Evangelho de Felipe.* Trad. Irede Pastana Batista. Disponível em: <http://www.swami-center.org/pt/text/evangelho-de-felipe.pdf>. Acesso em: 8 nov. 2016.

FRANCO, Divaldo Pereira (médium); Amélia Rodrigues (espírito). *Primícias do Reino.* Rio de Janeiro: Livraria e Editora Sabedoria, 1967.

GIBRAN, Khalil. *Jesus, o filho do homem.* Rio de Janeiro: Brasil América, [19-].

__________. *O Profeta*, Petrópolis: Vozes, 1975.

GRAINDMAISON, Léonce de. *Jesus-Christ, sa personne, son message, ses preuves.* Revue des Sciences Religieuses. Paris, France, 1928.

KANT, Immanuel. *Religião nos limites da simples razão.* Tradução e apresentação de Artur Morão. Covilhã: Lusofia Press, 2008.

KARDEC, Allan. *Obras Póstumas.* 34ª ed. Rio de Janeiro: FEB, 2004.

__________. *O evangelho segundo o espiritismo.* 120ª ed. Rio de Janeiro: FEB, 2002.

__________. *O livro dos espíritos.* Ed. Especial. Rio de Janeiro: FEB, 2006.

KAZANTZAKIS, Nikos. *God's Pauper, St. Francis of Assisi.* Londres: Faber & Faber Limited, 1975.

KYOKAI, Bukkyo Dendo. *The Teaching of Buddha.* Tokyo: Buddhist Promoting Foundation, 1982.

LARRAÑAGA, Ignácio. *El hermano de Assis.* 5ª ed. Chile: Cefepal, 1989.

MAGDALENA, Maria. *Evangelho de Maria Magdalena.* Disponível em: http://libroesoterico.com/biblioteca/Apocrifos/. Acesso em: 05 de out. 2016.

MASLIAH Melamed, Meir. *Sidur Tefillat – Mishnah*. Rio de Janeiro: S. Cohen, 1966.

MARX, Karl. *Crítica da Filosofia do Direito de Hegel*. São Paulo: Jinkings Editores Associados Ltda. 2010.

MEREZHKOVSKI, Dmitry Serguéievich. *Jesus Desconhecido*. São Paulo: Companhia editora nacional, 1935.

MEYERS, Carol. *As Mulheres no Antigo Israel*. São Paulo: Paulus, 1995.

NICODEMOS. *O Evangelho de Nicodemus*, apócrifo. (Os escritos de Pilatos), cap. VII, 1-2. Disponível em: <https://sites.google.com/site/versaoportuguesa/home/antiga-literatura-espiritual/os-evangelhos-perdidos/o-evangelho-de-nicodemus>. Acesso em: 22 fev. 2017.

O LIVRO DE URÂNTIA. Disponível em: <https://www.urantia.org/pt/o-livro-de-urantia/documento-185-o-julgamento-diante-pilatos>. Acesso em: 22 fev. 2017.

PASCAL, Blaise. *Pensèes*, p. 552. Disponível em: <https://ebooks.adelaide.edu.au/p/pascal/blaise/p27pe/complete.html>. Acesso em: 8 abr. 2014.

PASTORINO, Carlos Juliano Torres. *Técnica da mediunidade*. Rio de Janeiro: Sabedoria, 1968.

RENAN, Ernest, *Vida de Jesus*. São Paulo: Martin Claret, 2004.

RIJCKENBORGH, J. Van. *Os mistérios gnósticos da Pistis Sophia*. São Paulo: Lectorium Rosicrucianum, 2012.

ROHDEN, Huberto. *Jesus Nazareno Vol. II*. São Paulo: Martin Claret, 1997.

__________. *Roteiro Cósmico*. 5ª ed. São Paulo: Martin Claret, 1999

__________. *Sabedoria das Parábolas*. São Paulo: Martin Claret, 2005

__________. *Escalando o Himalaia – Colóquios com Deus e Solilóquios com Minha Alma*. 4ª ed. São Paulo, 1996.

SABBADINI, Helaine Coutinho. *Francisco de Assis, o Alter Christus*. Bragança Paulista: Lachâtre, 2014.

SALGADO, Plínio. *O abismo e a estrela. Vida de Jesus*. São Paulo: Voz do Oeste, 1978.

SARAMAGO, José. O evangelho segundo Jesus-Cristo. Lisboa: Caminho, 1991.

SILVEIRA, Adelino. *Chico, de Francisco*. São Paulo: CEU, 1987.

STORNIOLO, Ivo. *Como ler o Evangelho de Lucas*. São Paulo: Paulus, 1992.

SCHWEITZER, Albert. *A busca do Jesus histórico*. São Paulo: Novo Século, 2003.

TAGORE, Rabindranath, *Gitanjali*. 2ª ed. São Paulo: Paulus, 1991.

__________. *SADHANA, o caminho da realização*. São Paulo: Paulus, 1994.

VAN Den Born, A. *Dicionário Enciclopédico da Bíblia*. São Paulo: Vozes, 1985.

XAVIER, Francisco Cândido (médium); LUIZ, André. *Nosso Lar*. 59ª ed. Rio de Janeiro: FEB, 2007.

__________. *Sinal Verde*. Araras: IDE, 1995.

__________. *Libertação*. 18ª ed. Rio de Janeiro: FEB, 2005.

XAVIER, Francisco Cândido (médium); Emmanuel. *A Caminho da Luz*. 29ª ed. Rio de Janeiro: FEB, 2002.

__________. *Há Dois Mil Anos*. Rio de Janeiro: FEB, 2000.

__________. *Levantar e seguir*. São Bernardo do Campo: GEEM, 1992.

__________. *O consolador*. 29ª ed. Rio de Janeiro: FEB, 2007.

__________. *Paulo e Estevão*. 38ª ed. Rio de Janeiro: FEB, 2002.

__________. *Pensamento e Vida*, 14ª ed. Brasília: FEB, 2005.

__________. *Vinha de* Luz. 14ª ed. Rio de Janeiro: FEB, 1952.

XAVIER, Francisco Cândido (médium); CAMPOS, Humberto de (espírito). *Boa Nova*. Rio de Janeiro: FEB, 1963.

XAVIER, Francisco Cândido (médium); JACOB, Irmão. *Voltei*. Rio de Janeiro: FEB, 1949.

YOGANANDA, Paramahansa. *A eterna busca do homem*. Los Angeles: Self-Realization, 2010.

__________. *Assim falava Paramahansa Yogananda*. Los Angeles: Self-Realization, 2009.

ZUMERKORN, David. "Os Segredos da Guimátria". Disponível em: <http://judaismohumanista.ning.com/group/curiosidadesdomundojudaico/forum/topics/os-segredos-da-guimatria-por>. Acesso em: 09 dez. 2016.

Conheça outras obras de Helaine Coutinho Sabbadini

Francisco de Assis
o Alter Christus

Conheça a belíssima trajetória do mais elevado espírito, excetuando o Cristo, que já reencarnou nas paragens de lutas planetárias. O zênite na evolução humana é apresentado com profunda beleza e transcendentalidade, em fidedignas molduras históricas. Francisco viveu legitimamente os ensinos de Jesus, sendo dele um cristalino espelho. Resgatar tão magnífica vida é indispensável ante os desafios da atualidade.

Elizabetta de la Paz

Aclimatado em pleno Século de Ouro Espanhol, o romance retrata a belíssima história do reencontro de dois espíritos vinculados pelos laços da afeição milenar, embora, naquele período, membros de nações concorrentes – França e Espanha.

A narrativa convida o leitor a França de Catarina de Médici, desnudando a breve existência de sua filha, Isabelle de Valois, e de seu atormentado irmão Carlos IX, comprometido com a tenebrosa Noite de São Bartolomeu. Ressurgirão, como florações de nova primavera, ações de almas genuinamente cristãs, como as da monja Teresa d'Ávila.

Esta edição foi impressa, em junho de 2018, pela Assahi Gráfica e Editora Ltda., de São Bernardo do Campo, SP, sendo tiradas duas mil cópias em formato fechado 15,5 x 22,5cm, em papel Pólen Soft 70g/m² para o miolo e Cartão Supremo 350g/m² para a capa. O texto principal foi composto em Berkeley LT 12/13,8. A capa foi elaborada por Fernando Campos.